U0555650

新时代外语教育论丛

Review on Foreign Language Education in the New Era

2025（上）

第 2 辑

燕山大学外国语学院 编

燕山大学出版社

·秦皇岛·

图书在版编目（CIP）数据

新时代外语教育论丛. 2025. 上 / 燕山大学外国语
学院编. -- 秦皇岛 ： 燕山大学出版社, 2025. 6.
ISBN 978-7-5761-0908-5

Ⅰ. H09-53

中国国家版本馆 CIP 数据核字第 2025WU5744 号

新时代外语教育论丛 2025（上）
XINSHIDAI WAIYU JIAOYU LUNCONG 2025 (SHANG)

燕山大学外国语学院 编

出 版 人：陈 玉	策划编辑：臧晨露
责任编辑：臧晨露	封面题字：赵险峰
责任印制：吴 波	封面设计：刘馨泽
出版发行：燕山大学出版社	电　话：0335-8387555
地　　址：河北省秦皇岛市河北大街西段 438 号	邮政编码：066004
印　　刷：涿州市殷润文化传播有限公司	经　销：全国新华书店

开　本：787 mm×1092 mm　　1/16	印　张：10
版　次：2025 年 6 月第 1 版	印　次：2025 年 6 月第 1 次印刷
书　号：ISBN 978-7-5761-0908-5	字　数：200 千字
定　价：49.00 元	

——新时代外语教育论丛 2025（上）——

目　录

人工智能赋能外语教学

外语教学理论与实践

外语课程思政与育人模式

外国文学与翻译研究

区域国别研究

人工智能赋能外语教学

大语言模型在高校外语教学中的应用

——一项基于核心期刊的文献计量学研究[①]

张丽平

（陆军工程大学基础部，江苏 南京 211101）

摘要：以中国知网（CNKI）的北大核心期刊和 CSSCI 期刊为文献来源，研究采用计量学方法，从论文发表总体趋势、发表刊物、发文作者、研究热点主题分析等方面，对以 ChatGPT 为代表的生成式大语言模型自问世以来应用于外语教学的研究文献进行整理分析，梳理研究现状，以期为进一步研究提供参考，为外语教学改革提供思路。研究发现，在我国推进教育数字化背景下，外语学界非常关注大语言模型在外语教学中的应用，研究论文主要发表在《外语电化教学》《外语界》等 13 种外语核心期刊上；研究热点集中于大语言模型对外语教学影响的宏观探讨，以及大语言模型应用于外语写作教学和翻译教学。

关键词：核心期刊；大语言模型；外语教学；文献分析

一、引言

教育与技术紧密相连，从互联网的普及到人工智能的崛起，每一次技术革新都对教育产生了深远影响。2022 年，人工智能技术取得重大突破，以 ChatGPT 为代表的生

---

① **作者简介**：张丽平（1976—　），女，陆军工程大学基础部教授，硕士。研究方向：二语习得、语料库语言学。

基金项目：本文为陆军工程大学 2024 年教育教学研究课题（GJ24ZX074）的阶段性成果。

成式大语言模型以其强大的文本理解、文本生成和问答互动能力引发了教育界的广泛关注，各类讨论和研究呈现井喷之势。以"ChatGPT""大语言模型""生成式人工智能"为关键词在中国知网上搜索，可搜到各类文献 12420 篇（截至 2025 年 1 月）。外语教学高度依赖文本，需要师生、生生的深度沟通互动，大语言模型技术的崛起为外语教学提供了新的技术支持。本研究采用计量法，对 ChatGPT 问世以来（2022 年 11 月—2025 年 1 月）大语言模型应用于我国高校外语教学的文献进行统计分析，旨在梳理大语言模型运用于外语教学的现状，预测未来的研究方向，以期挖掘大语言模型运用于外语教学的潜力，为外语教学改革提供参考和启示。

二、数据来源与研究方法

本研究以中国知网的 CSSCI 和北大核心期刊为数据来源，以"ChatGPT""大语言模型""生成式人工智能"为搜索主题，学科选择"教育理论与教育管理""外国语言文字"和"中国语言文字"，来源类别限定为 CSSCI 和北大核心期刊。在搜索结果中剔除与高校外语教学主题无关的文献，得到有效文献 52 篇。将文献信息采用 Excel 保存、汇总，从论文发表总体趋势、发表刊物、发文作者（包括作者发文数量、合作发文、发文机构和地区分布）、研究热点主题等方面进行计量分析，提炼大语言模型运用于外语教学的热点主题，以期为大语言模型进一步应用于外语教学研究提供思路。

三、研究结果与分析

大语言模型运用于外语教学的研究在外语界引发了广泛关注，本研究搜集得到的 52 篇文献总下载次数高达 185299 次，篇均下载次数为 3563.44 次，总被引次数为 615 次，篇均被引次数为 11.83 次。

（一）论文发表总体趋势分析

论文发表数量可以反映出学科领域的研究状况和趋势变化。一个领域的发文量大，说明该领域的研究活跃，吸引了众多学者的关注和参与。ChatGPT 2022 年 11 月正式发布，距今虽然只有约两年时间，但已经引起学术界的高度关注，外语界的核心期刊已发表有关大语言模型应用于外语教学的研究文献 52 篇。2023 年 2 月，关于大语言模型应用于外语教学研究的第一篇文章《ChatGPT 时代的中国外语教育：求变与应变》发表在《外语电化教学》期刊上。随着 ChatGPT 这一新技术的出现，学者们对其展开了讨论和探索，2023 年 4 月发文 4 篇，达到一个小高峰，随后研究处于探索阶段。2024 年 2 月和 12 月发文量均为 6 篇，达到当年的两个高峰，全年发文呈现上下浮动、持续不断的状态，可见外语学界对该技术如何应用于教学一直保持高度关注。2025 年伊始已发表相关论文 3 篇，说明外语学界对大语言模型应用于外语教学的研究方兴未艾，如图 1 所示。这与我国提倡推进教育数字化密不可分。2023 年 2 月，以"数字变革与教育未来"为主题的首届世界数字教育大会在北京举行，教育部部长怀进鹏在大会上提出要推动数字教育的应用、共享与创新，以支持个性化学习、终身学习和优质教育资源的广泛覆盖；同时，教育部还发布了《教师数字素养》行业标准。此外，习近平总书记在主持中央政治局第五次集体学习时指出："教育数字化是我国开辟教育发展新赛道和塑造教育发展新优势的重要突破口。"中国政府对教育数字化转型的高度重视以及通过数字推动教学质量提升的内在要求，都让外语教育工作者无法忽略对大语言模型及其应用于外语教学的研究。

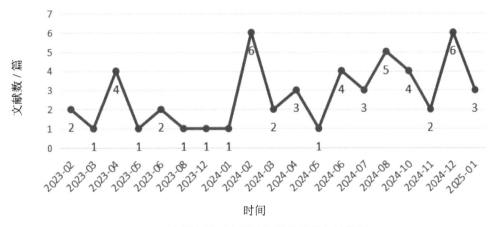

图 1　大语言模型应用于外语教学的文献数量

（二）发表刊物分析

任何一门学科都有自己的核心刊物，通过分析核心刊物的发文主题，可以判断学科的发展水平，并为研究者提供重要信息。本研究搜集的 52 篇论文刊载于 21 种核心刊物，涵盖了外语学界的大部分核心刊物。表 1 列出了发文量在两篇及以上的期刊共 13 种，其所发文章占总发文量的比例达 84.62%。发文占比超过 10% 的期刊是《外语电化教学》和《外语界》。在大语言模型问世以来的两年多时间里，这两本期刊共发表相关论文 14 篇，占本研究搜集论文篇数的 26.92%，超过总发文量的 1/4，是对大语言模型应用于外语教学关注度最高的两本期刊。另外，作为翻译类重要刊物和关注外语教学的刊物，《北京第二外国语学院学报》和《上海翻译》也高度关注大语言模型对外语教学的影响。

表 1　发表期刊统计

序号	期刊名称	发文量 / 篇	百分比 / %
1	外语电化教学	7	13.46
2	外语界	7	13.46
3	北京第二外国语学院学报	4	7.69
4	上海翻译	4	7.69
5	中国外语	3	5.77
6	中国翻译	3	5.77
7	外语教学与研究	3	5.77
8	中国电化教育	3	5.77
9	外语教学理论与实践	2	3.85
10	外语教育研究前沿	2	3.85
11	当代外语研究	2	3.85
12	外语教学	2	3.85
13	外语教育研究前言	2	3.85

（三）发文作者分析

对发文作者的分析可以了解某一领域的领军人物和活跃作者，了解该领域的研究方式、研究热点和动态，有利于及时获取最新的研究进展和趋势。

1. 作者发文数量分析

通常核心作者群的发文数量状况体现了学科研究的状态。以第一作者为标准统计核心作者数量，结果显示：在 52 篇论文中，发表 2 篇论文的作者仅有 3 人，其余作者均只发文 1 篇。根据普赖斯定律 ①，所发表论文的高产作者数量的一半，等于全部发文作者总数的平方根。根据这一观点来计算，本次统计的发文作者总数 92 人，理想的高产作者数量应为 19 人，而实际上却并未如此，这表明目前我国大语言模型应用于外语教学的高产作者群尚未形成，也表明对于该研究领域的探索仍然处于起步阶段。

2. 作者合作发文分析

通过分析发文作者的合作发文情况，可以揭示不同作者之间的合作关系和学术网络，有助于了解某一研究领域内的研究方式和合作模式。本研究搜集的 52 篇文章中，19 篇为作者独立发文，占总数的 36.54%；33 篇为作者合作发文，占总数的 63.46%。合作发文中 2 人合作发文最多，共计 24 篇，占所有文章数的 46.15%，3 人合作发文的

---

① 邱均平：《信息计量学》，武汉：武汉大学出版社，2007 年。

共 8 篇，占比 15.39%；4 人合作发文的仅 1 篇，占比 1.92%。具体如图 2 所示。

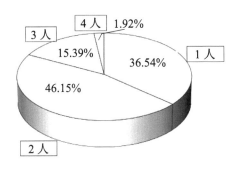

图 2 文章的作者人数分布

从上述作者人数分布比例可见，目前我国大语言模型运用于外语教学的研究形成了以合作研究为主的研究方式。合作方式中两人联合研究占主导地位，两人以上合作形式虽然存在，但所占比例只有 17.31%。智能信息化时代为科学研究的合作提供了前所未有的便利，合作研究能够将来自不同机构、不同研究背景的研究者汇集到一起，共享各自的资源和专长，从而提升研究的质量和深度。鉴于此，今后的大语言模型运用于外语教学研究应继续加强不同机构、不同地区和不同学科间的合作，以产出更为丰富的高质量研究成果。

3. 作者单位及基金资助分析

分析一个领域所发论文作者的地理分布和机构背景有助于理解该领域学术研究的地域特征和领先机构。以第一作者发文机构作为统计依据对 52 篇论文进行统计，结果显示：发文机构所在地区主要集中在北京（18 篇）和上海（8 篇）。表 2 列出了获得基金支持的作者的单位，从中可见发文数量较多的是两所重点外国语大学，即北京外国语大学和上海外国语大学，其次是北京大学；获得基金支持方面，北京的高校共获得各项基金支持总数为 15 项，上海 5 项，山东 4 项，江苏 4 项，浙江 2 项，河南 2 项，四川 2 项，湖北、湖南、吉林、山西、重庆等地区各 1 项。通常来说，某个研究的发展具有地域性，一个区域的学者就此研究交流频繁会带动其在该地区的发展。北京和上海汇聚了众多知名高校，山东和江苏为教育大省，相对于其他地区，这 4 个地区的研究成果较为显著，因此能够获得较多的资源和基金支持。国内高校外语教学中大语言模型的应用研究在地域和机构上相对集中，存在极大的不平衡。在生成式人工智能技术，特别是大语言模型在教育领域的应用日益广泛的背景下，其他地区的高校应当加大对这一技术在教育领域中应用的探索，以发挥该技术在外语教学中的作用，提高教学效果。

表 2　作者单位和基金资助情况

作者单位	发文数 / 篇	国家基金 / 项	省部级基金 / 项	市级基金 / 项	校级基金 / 项	基金总数 / 项
北京外国语大学	10	4	4	1	1	10
上海外国语大学	8	2		2	1	5
北京大学	3		2			2
浙江大学	2			1		1
南京大学	2	1	1			2
曲阜师范大学	2	1	1			2
中国海洋大学	2	2				2
清华大学	1			1		1
北京林业大学	1					1
北京邮电大学	1	1				1
河南大学	1			1		1
郑州轻工业大学	1	1				1
武汉大学	1		1			1
湖南大学	1		1			1
吉林大学	1		1			1
南京农业大学	1		1			1
苏州大学	1	1				1
山西大学	1		1			1
电子科技大学	1	1				1
四川师范大学	1					1
浙江经济职业技术学院	1		1			1
西南大学	1				1	1

（四）研究热点主题分析

对某个研究领域核心期刊发文主题和关键词进行分析，可以快速了解某个研究领域的研究热点和发展现状，把握该研究领域的学术前沿和发展动态。关于大语言模型在语言文字学科中的研究，从知网检索的主要主题看（见图 3），20 个主要主题中，关键词"ChatGPT""大语言模型"，以及相近词义的"人工智能"出现频率共为 126 次，和外语教育相关的主题一共出现了 22 次，包括"外语教育""外语教学""教学中的应用""机器翻译""翻译教育""英语教学""翻译研究"，由此可见大语言模型在语言文字学科中的主要研究主题是外语教学。详细分析这些文章，可以发现大语言模型对外语教学的影响及其在外语写作教学和翻译教学中的应用是主要的研究热点，具体研究内容如下。

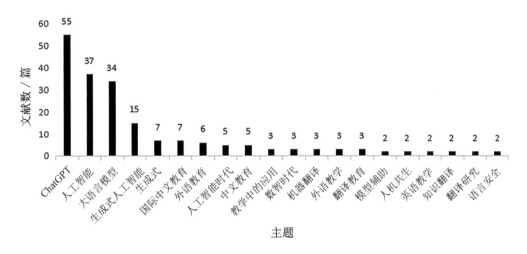

图 3 主要主题分布

1. 大语言模型与外语教育

2022 年 11 月，OpenAI 公司推出了专注于生成自然连贯的对话内容、能够与用户进行多轮交互的聊天工具 ChatGPT，社会各界对其予以广泛的关注和研究，外语教育界也掀起了对基于生成式人工智能技术的大语言模型应用于外语教育的讨论和探究热潮，这些研究主要包括对以下话题的探讨。（1）ChatGPT 对外语教育影响的宏观探讨。学者们关注 ChatGPT 对我国外语教育的深远影响，涉及政策、能力、目标、内容和方法等方面[1-2]。此外，大语言模型在外语教学中扮演了语言顾问、语伴和语言测评专家的角色[3]，对促进外语学习者自主学习与外语教师角色转变产生影响[4]，为个性化外语教学提供了新契机[5]。（2）外语教学模式创新和教学方法探索。文秋芳[6]提出构建人工智能融入教师、学生和教材等要素的新课程模式；秦颖[7]勾画出人机共生外语学习的场景，总结了在此场景下人机合作学习的方式，并指出人机共生学习的潜在风险和规避方法。（3）大型语言模型在外语教学中的应用。除了探讨大语言模型对外语教学的赋能价

① 赵世举：《ChatGPT 对人的语言能力和语言教育的挑战及应对策略》，《长江学术》，2023 年第 4 期，第 114—118 页。

② 胡加圣，戚亚娟：《ChatGPT 时代的中国外语教育：求变与应变》，《外语电化教学》，2023 年第 1 期，第 3—6，105 页。

③ 许家金，赵冲：《大语言模型在英语教学中的角色》，《外语教育研究前沿》，2024 年第 1 期，第 3—10，90 页。

④ 张震宇，洪化清：《ChatGPT 支持的外语教学：赋能、问题与策略》，《外语界》，2023 年第 2 期，第 38—44 页。

⑤ 许家金：《大语言模型背景下个性化外语教育的实施策略》，《外语教学与研究》，2025 年第 1 期，第 81—91 页。

⑥ 文秋芳：《人工智能时代的英语教育：四要素新课程模式解析》，《中国外语》，2024 年第 3 期，第 1，11—18 页。

⑦ 秦颖：《人机共生场景下的外语教学方法探索——以 ChatGPT 为例》，《外语电化教学》，2023 年第 2 期，第 24—29，108 页。

值①、赋能场景②③以及应用效能④，大语言模型还能用于语言测评⑤、思政教学场景构建⑥，辅助教学设计⑦。此外，少数学者还探讨了大语言模型在语用教学和阅读教学中的运用⑧⑨，个别学者还采用实证研究的方法验证生成式人工智能技术赋能口语教学的效果⑩。不少学者在讨论大语言模型对外语教学的优势时还分析了需要注意的潜在问题和弊端。

2. 大语言模型与外语写作教学

在大语言模型与外语教学的众多探讨中，写作教学作为一个重要领域受到了广泛关注。目前，大语言模型运用于写作教学的研究大致可以分为两类，一类是大语言模型对于学术英语写作及教学的影响，另一类是大语言模型环境下大学英语写作教学研究。在这两类研究中，学术英语写作及教学方面的研究居多，既有理论探讨，也有实证研究。郭茜等⑪讨论了 ChatGPT 在英语学术论文写作及教学中的潜在用途和问题，如可以帮助了解研究趋势和热点、生成写作大纲、丰富写作思路、阅读文献和润色论文等，同时需要注意文本质量、剽窃风险等问题；王海啸⑫探讨了生成式人工智能在"通用学术英语写作"课程教学改革实践中的应用，包括课程大纲、教学计划、教学内容、教学资源、教学模式、教学方法、教学工具、教学评价等方面的改革实施路径；蔡基刚、林芸⑬基于一项使用 ChatGPT 生成学位论文的实验，探讨了人工智能语言模型在学术论文写作中的显著优势，进而提出传统的学术论文写作及教学必须进行改革，应该在学术论文写作及教学中融入借助 ChatGPT 进行论文写作的相关内容，将其作为重要

---

① 杨连瑞：《ChatGPT 大语言模型背景下的二语习得》，《现代外语》，2024 年第 4 期，第 578—585 页。

② 焦建利，陈婷：《大型语言模型赋能英语教学：四个场景》，《外语电化教学》，2023 年第 2 期，第 12—17，106 页。

③ 李佐文：《ChatGPT 赋能外语教学：场景与策略》，《北京第二外国语学院学报》，2024 年第 1 期，第 109—118 页。

④ 苏祺：《大语言模型在二语教学中的应用效能解析》，《外语界》，2024 年第 3 期，第 35—42 页。

⑤ 何莲珍：《大语言模型在语言测评中的应用》，《外语教学与研究》，2024 年第 6 期，第 903—912，960 页。

⑥ 周丽敏，孟滕，邢振江：《生成式人工智能赋能外语课程思政教学场景探析》，《外语电化教学》，2024 年第 5 期，第 93—99，118 页。

⑦ 李冬青：《ChatGPT 支持下的人机协同产出导向法教学设计》，《外语教育研究前沿》，2024 年第 4 期，第 58—64，95—96 页。

⑧ 陈新仁：《ChatGPT 与二语语用教学》，《外语教学理论与实践》，2024 年第 4 期，第 16—29 页。

⑨ 孔蕾：《生成式人工智能在外语专业教学中的应用：以〈大学思辨英语教程·精读〉教学为例》，《外语教育研究前沿》，2024 年第 1 期，第 11—18，90 页。

⑩ 吴坚豪，周婉婷，曹超：《生成式人工智能技术赋能口语教学的实证研究》，《中国电化教育》，2024 年第 4 期，第 105—111 页。

⑪ 郭茜，冯瑞玲，华远方：《ChatGPT 在英语学术论文写作与教学中的应用及潜在问题》，《外语电化教学》，2023 年第 2 期，第 18—23，107 页。

⑫ 王海啸：《生成式人工智能在大学英语教学改革中的应用探究——以"通用学术英语写作"课程教学改革实践为例》，《外语教育研究前沿》，2024 年第 4 期，第 41—50，95 页。

⑬ 蔡基刚，林芸：《学术论文写作的挑战与变革：借助 ChatGPT 直接生成一篇学位论文的实验》，《北京第二外国语学院学报》，2024 年第 4 期，第 29—42 页。

的教学目标，并对教学中如何培养和提升学生的数字修养给出建议；李晶洁和陈秋燕[①]探讨了人机协同智写系统在学术英语写作及教学中的潜在应用与启示，如助写与助修的功能融合、对话式交互、写作流程的全覆盖和人机共生等；徐林林等[②]基于对学生的反思日志和访谈数据的质性主题分析，揭示了 AI 辅助学术英语写作中学习者的认知及行为模式，及其对当前学术英语写作课程改革的启示。

在大学英语写作教学研究方面，除了探讨在写作教学过程的每个阶段（写作前、写作中、评阅、反思）教师如何利用 ChatGPT 准备和组织教学活动[③]外，还探究了 ChatGPT 等大语言模型在语法修改与标点修正（初阶修改），词汇替换、语义通顺与风格调试（中阶润色），以及梗概撰写（高阶输出）等方面具有的优势[④]；在写作反馈方面，大语言模型也表现出色，可以提供详细的、较为可信的写作反馈，能够为教师减负并提供个性化的教学支持[⑤]。

3. 大语言模型与翻译教学

大语言模型在翻译教学中发挥了显著的赋能作用，同时也带来了新挑战和机遇。对此，学者不仅开展了大语言模型运用于翻译教学的宏观理论探讨，还开展了具体的教学应用策略、教学模式构建以及翻译教学评价方面的研究。宏观探讨方面，周忠良[⑥]、王华树和刘世界[⑦]对智能技术时代的翻译教育理念、翻译教学变革等进行探讨；任文[⑧]在重塑翻译实践观、重识人机关系基础上提出了重构翻译教育观。

在教学应用策略、教学模式构建和翻译教学评价方面，王华树、谢斐[⑨]提出了大语言模型在翻译教学实践中的应用策略，包括教学设计、教学实施、教学评估等；赵军峰、李翔[⑩]探讨了大语言模型驱动的翻译智能体在提升翻译质量和效率方面的出色

① 李晶洁，陈秋燕：《人机协同智能写作发展演进分析与启示》，《当代外语研究》，2025 年第 1 期，第 73—83 页。
② 徐林林，胡杰辉，苏扬：《人工智能辅助学术英语写作的学习者认知及行为研究》，《外语界》，2024 年第 3 期，第 51—58 页。
③ 陈茉，吕明臣：《ChatGPT 环境下的大学英语写作教学》，《当代外语研究》，2024 年第 1 期，第 161—168 页。
④ 魏爽，李璐遥：《人工智能辅助二语写作反馈研究——以 ChatGPT 为例》，《中国外语》，2023 年第 3 期，第 33—40 页。
⑤ 黄晓婷，郭丽婷：《大语言模型在过程性评价中的应用：基于英语写作的评分及反馈》，《教育学术月刊》，2024 年第 7 期，第 74—80 页。
⑥ 周忠良：《ChatGPT 在翻译教学中的应用：变革、挑战与应对》，《北京第二外国语学院学报》，2023 年第 5 期，第 134—146 页。
⑦ 王华树，刘世界：《智慧翻译教育研究：理念、路径与趋势》，《上海翻译》，2023 年第 3 期，第 47—51 页。
⑧ 任文：《生成式人工智能时代的翻译实践与翻译教育：从工具行为到交往行为》，《中国翻译》，2024 年第 6 期，第 48—57，192 页。
⑨ 王华树，谢斐：《大语言模型技术驱动下翻译教育实践模式创新研究》，《中国翻译》，2024 年第 2 期，第 70—78，95 页。
⑩ 赵军峰，李翔：《大语言模型驱动的翻译智能体构建与应用研究》，《外语电化教学》，2024 年第 5 期，第 22—28，75，108 页。

表现，为翻译实践和教学提供了新视角；王律、王湘玲[1]提出了结合 ChatGPT 和机器翻译的译后编辑（MTPE）交互式能力培养模式；江先发、赖文斌[2]提出拥抱数智技术，构建一个利用 AI、BBS 和 ChatGPT 等工具的"ABC"翻译教学路径；张静[3]提出在生成式人工智能技术的背景下，翻译教学目标应转向对学习者高阶思维的培养，构建了促进高阶思维发展的教学模式；吕晓轩、冯莉[4]研究使用生成式人工智能工具如 ChatGPT，基于"中国英语能力等级量表"生成分项评分量表，将之用于翻译教学评价，为翻译教学评价开拓了新思路。总体而言，大语言模型为翻译教学提供了强大的技术支持，但其效用仍需继续探索。

由上述研究热点分析可知，国内外语界就大语言模型对外语教学的影响进行了一定的理论探讨，认为大模型将对外语教学的各个层面产生深远影响，在肯定大语言模型的优势及其对外语教学的辅助效果时也认识到大语言模型的使用对外语教学带来的挑战和潜在问题。在教学实践探究方面，这些文章对外语写作教学和翻译教学做出了一定探究，对其他方面如口语教学、阅读教学、语用教学等也有零星研究。总体来说，已有研究大多为理论探讨，教学实验研究较少，且研究维度不够丰富。在生成式人工智能的教育应用已是大势所趋的时代背景下[5]，今后仍需要开展更多的研究，进一步探讨技术本身的特点，以及在实践中研究如何将其有机融入外语教学，从更多维度如大语言模型运用于不同层次学生的外语教学、对学习投入的影响等方面开展立体式的研究，充分探索大语言模型应用于英语教学的潜能及效果，使英语教学更好地适应数智时代的教育新环境以及人才培养新要求，更好地服务于培养高素质创新型人才的目标。

四、结语

本研究以中国知网 CSSCI 和北大核心期刊收录的论文为数据来源，采用文献计量学方法梳理分析相关文献，发现大语言模型应用于外语教学引起了国内外语界的极大关注，研究成果主要发表在《外语电化教学》《外语界》《上海翻译》和《北京第二外国语学院学报》等 13 种外语核心期刊上；相关研究在机构和地域上存在相对集中的情况；在研究主题上，大语言模型对外语教学影响的宏观探讨，以及在外语写作教学和

---

① 王律，王湘玲：《ChatGPT 时代机器翻译译后编辑能力培养模式研究》，《外语电化教学》，2023 年第 4 期，第 16—23，115 页。
② 江先发，赖文斌：《数智时代翻译教学的"ABC"路径探索》，《上海翻译》，2024 年第 1 期，第 63—67 页。
③ 张静：《生成式人工智能背景下翻译高阶思维教学模式构建》，《中国翻译》，2024 年第 3 期，第 71—80 页。
④ 吕晓轩，冯莉：《人工智能赋能的 CSE 笔译能力量表在教学评价中的应用》，《外语界》，2024 年第 6 期，第 29—36 页。
⑤ 杨连瑞：《ChatGPT 大语言模型背景下的二语习得》，《现代外语》，2024 年第 4 期，第 578—585 页。

翻译教学中运用的研究取得了相对丰富的成果，研究呈现理论探讨相对丰富、实证研究欠缺，研究维度不够丰富的特点，研究总体处于起步阶段，需要广大英语教育研究者进一步探索。由于所用数据不包括其他来源数据，因此研究尚不能代表所有情况。

The Application of Large Language Models in Foreign Language Teaching in Universities: A Bibliometric Study Based on Core Journals

Abstract: Using the Peking University core journals and CSSCI journals from the China National Knowledge Infrastructure（CNKI）as the literature sources, this study employs bibliometric methods to analyze the research literature on the application of generative large language models, represented by ChatGPT, in foreign language teaching since their advent. The analysis covers aspects such as the overall trend of publications, publishing journals, contributing authors, and research focus. The aim is to organize and review the current research status, provide references for further studies, and offer insights for foreign language teaching reforms. The study found that, against the backdrop of promoting educational digitization in China, the foreign language academic community has shown great concern for the application of large language models in English language teaching; research papers are primarily published in 13 core foreign language journals, including *Computer-Assisted Foreign Language Education in China* and *Foreign Language World*; the research focus is concentrated on the macro exploration of the impact of large language models on foreign language teaching, as well as their application in the teaching of foreign language writing and translation.

Key words: core journals; large language models; foreign language teaching; literature analysis

基于CSCL的英语专业新生云导学模式研究与实践①

张　颖

（燕山大学外国语学院，河北 秦皇岛 066004）

摘要：本研究基于计算机支持的协作学习（CSCL）理论，构建并使用了面向英语专业新生的云端导学模型。通过对定量与定性研究数据的综合分析，研究证实该模型在提升新生专业学习适应性方面成效显著，尤其在激发学习动机、提高学习参与度、提升学习效率、改善学习效果以及促进师生互动方面表现突出。随着人工智能技术与教育场景的深度融合与创新应用，云导学模式展现出极具潜力的应用价值与发展空间。

关键词：计算机支持的协作学习；英语专业新生；云导学；学习适应性

一、研究背景

在我国的教育体系中，高中与大学的学习模式差异显著。高中阶段的学习呈现以高考升学为核心驱动，辅以家校监督，形成目标明确、节奏紧凑的学习模式；大学阶段的学习则呈现外部压力减弱、学习环境自主化的特征，这导致部分学生自律性下降。英语专业学习要求学生具备较强的自主学习能力，从被动接受知识转向主动探索，同步构建专业知识体系与职业发展路径。大学生在入学初期，常面临专业学习目标模糊、学习计划执行不力、学习方法失当等适应障碍。在关键适应期，引导学生转变学习模式、确立个人发展目标至关重要。

① **作者简介**：张颖（1983—　），女，燕山大学外国语学院副教授，博士。研究方向：英语教学法。

基金项目：本文为2022年度河北省高等学校英语教学改革研究与实践项目"基于CSCL的英语专业新生云导学模式研究与实践"（2022YYJG013）的阶段性成果。

二、新生导学模式研究现状

导学模式最早起源于英国开放大学，随后逐步被引入我国高等院校的新生入学教育体系。新生导学旨在通过系统化的引导和教育，帮助新生迅速适应大学环境，为后续专业学习建立良好基础。随着学界关注度提升，多元化教学方法被引入导学实践。传统导学模式在高校新生入学教育中占据着重要地位，其主要形式包括入学教育讲座、专业课程介绍、学业指导等。美国堪萨斯大学开设了为期 16 周的新生导学课程，对新生进行行为激活干预，以解决校园内长期存在的酗酒问题，并取得了良好成效[①]。美国南卡罗来纳大学的 University 101（U101）课程项目，通过开设新生研讨课，提高了新生适应性[②]。美国里海大学开设了"工程实践导论"新生研讨课，通过实验操作、专题讲座及师生交流，培养学生工程实践能力与职业素养[③]。

在高等教育普及与招生改革背景下，传统灌输式导学模式已难以满足新时代需求，国内学者从模式建构、实践探索等维度展开了系统性研究。在导学模式优化方面，围绕高校英语专业人才培养目标，为学生开设学业指导课、教授讲堂与新生研讨课，构建师生联动机制[④]，突出教师在导学中的角色转变，通过引导、指导、辅导、疏导，激发学生的主观能动性，培养其自主学习能力[⑤]。在信息技术应用方面，以微信公众号等平台为载体，定期推送文章和资源，通过长期陪伴式学习，培养学生良好的学习习惯，提升其专业认同感[⑥]。

尽管新生导学模式研究取得了一定进展，但研究大多聚焦于理论探讨，实证研究相对不足，难以全面、客观地评估导学成效。现阶段，信息技术在导学模式中的应用多停留在信息传播和资源推送层面，未能充分发挥技术在学习过程中的支持作用。随着教育数字化和智能化的深入发展，将实时数据分析、学习行为监测与自适应学习策略融入导学模式，帮助新生提升自主学习能力，已成为导学模式创新发展的重要方向。

---

① Fazzino T L, Lejuez, Carl W, Yi, Richard. A Behavioral Activation Intervention Administered in a 16-Week Freshman Orientation Course: Study Protocol. Contemporary Clinical Trials, 2020(90): p.105950.

② 张波，高超，等：《美国南卡莱罗纳 101 项目新生研讨课及其教育启示》，《继续教育研究》，2015 年第 3 期，第 143—144 页。

③ 苏春，张继文：《美国里海大学"工程实践导论"新生研讨课的组织与实施》，《东南大学学报（哲学社会科学版）》，2011 年第 S2 期，第 131—133 页。

④ 汪家惠，贾天钰：《新生第一年导学模式改革的研究与实践》，《中国大学教学》，2012 年第 5 期，第 14—15，45 页。

⑤ 陆瑶：《电大开放教育英语专业课程导学模式探究》，《辽宁广播电视大学学报》，2009 年第 2 期，第 30—32 页。

⑥ 朱斌谊：《基于微信公众平台的英语专业新生导学模式研究》，《海外英语》，2019 年第 9 期，第 34—35 页。

三、计算机支持的协作学习

在教育领域，协作学习被广泛视为促进学生深度学习与知识建构的重要策略。计算机支持的协作学习（computer-supported collaborative learning，CSCL）突破了时空限制，学习者通过网络平台，以共同探索、互教互学及观摩他人学习过程等方式，实现知识的分享与建构。计算机技术的运用提升了教师对协作学习过程的记录和分析能力，有助于推动教学设计和学习环境的优化，提高学习效果与互动质量。CSCL 涵盖广泛的研究主题，围绕理论模型、学习模式、学习分析、知识建构和学习工具等主题展开讨论[1]，研究成果涉及各个学科领域，如科学教育[2]、工程教育[3]和医学教育[4]等。

CSCL 研究深受社会文化理论和建构主义学习理论的影响，认为知识是在社会互动过程中协商建构而成的。其中，个体责任是协作学习的基础，社会协作是实现知识建构的途径，知识建构则是协作学习的最终目标。只有当个体责任得到有效落实，社会协作得以充分开展，才能实现高质量的知识建构[5]。在数字化学习情境中，社会临场感（social presence）是衡量个体对虚拟空间人际互动感知程度的重要指标，为优化学习环境提供了理论支持。较强的社会临场感能够提升学习者的群体认同度、人际信任水平及互动主动性，促进更有效的协作学习和知识建构[6]。

四、基于 CSCL 的云导学模式构建

云计算、大数据与人工智能等新技术在教育中的应用，为构建智能、高效、便捷的学习环境提供了有力支撑和创新动力。项目团队通过问卷调查、深度访谈、课堂观察等方式，系统考察了新生认知特征、学习模式及信息素养现状，基于其知识建构与能力发展需求，构建了具备理论、技术与应用三重科学性的 CSCL 云导学模型（见图

---

① 李海峰，王炜：《计算机支持的协作学习研究热点与趋势演进——基于专业期刊文献的知识图谱可视化分析》，《现代远距离教育》，2019 年第 1 期，第 67—76 页。

② Hakar J, Mohammed Salih, Arif Y, Sabri S. Collaborative Learning in Computer Labs for Science Education: A Systematic Review. Ascarya: Journal of Islamic Science, Culture, and Social Studies, 2024, 4(1): pp.12–23.

③ Balakrishnan B. Online Computer Supported Collaborative Learning (CSCL) for Engineering Students: A Case Study in Malaysia. Computer Applications in Engineering Education, 2014, 23(3): pp.352–362.

④ Adefila A, Opie, J, Ball S, Bluteau P. Students' Engagement and Learning Experiences Using Virtual Patient Simulation in a Computer Supported Collaborative Learning Environment. Innovations in Education and Teaching International, 2020, 57(1): pp.50–61.

⑤ 赵建华：《CSCL 的基础理论模型》，《电化教育研究》，2005 年第 10 期，第 11—17 页。

⑥ Kreijns K, Yau J, Weidlich J, Weinberger A. Towards a Comprehensive Framework of Social Presence for Online, Hybrid, and Blended Learning. Frontiers in Education, 2024(8): pp.1-14.

1）。模型设计遵循"适应性""交互性"与"渐进性"三大原则，以满足个性化学习需求，增强社会临场感，并支持学习能力的持续提升。

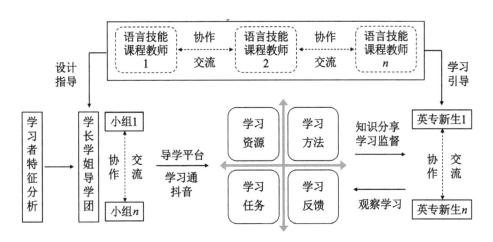

图 1　基于 CSCL 的英语专业新生云导学模型

（一）适应性：满足新生多样化需求

本导学模型充分考虑新生群体的个体差异，提供多样化的学习支持，以满足不同背景和学习风格的学生需求。针对不同英语基础的学习者，实施分层教学策略。对于英语基础较薄弱的新生，重点构建以语法知识强化和基础技能训练为核心的学习模块，通过多模态教学资源和专项语言技能训练，系统性地巩固学生的语言基础。对于具备较强语言素养的进阶型学习者，则侧重于提供更具挑战性的任务，如外刊精读、英文名著读书汇报等，通过学术研讨与创意输出相结合的多元形式，充分激发其语言潜能。

为确保导学方案的有效性与时效性，本模型采用动态调整策略。借助学习通平台的智能分析系统，实时采集并分析学生的学习轨迹数据。对长期未登录学习平台或任务完成度持续低下的学生，导学团队启动预警机制，深入了解其学习困难，并提供个性化的学习指导，帮助其克服学习障碍，提升学习动力。根据学生的学习进度和能力提升情况，动态调整任务内容和难度，以实现学习效果的最大化。

（二）交互性：强化师生、生生互动

导学模型在设计与实施过程中始终将交互性作为核心要素，通过多维度的互动机制，打造沉浸式学习环境。基于朋辈教育理念，精心选拔优秀学长学姐组建导学团，形成以学生为主体、教师为引导的导学团队。语言技能课程教师科学规划导学内容，制订分层递进的导学方案；学长学姐导学团落实执行导学任务，涵盖发布资源、组织

活动、答疑解惑等具体工作。在导学过程中，导学团队每周开展线上答疑活动，并定期举办交流会，邀请资深外教、任课教师和优秀学员进行经验分享与示范，为新生提供全方位的指导与支持。通过建立"任务—反馈—改进"机制，促进学生语言知识体系与语言运用能力的协同发展。

导学模型充分利用学习通、抖音平台的多模态交互功能，整合文本、语音、视频等多元化协作资源，同时运用直播互动与弹幕交流等技术手段，开展在线讨论、即时答疑、协作学习与成果展示等学习活动，提升学生的社会临场感。在导学过程中，引入社交激励机制，通过设置学习积分奖励、评选优秀学员等方式，鼓励学生积极参与知识共建，主动分享学习心得，解答同学疑问，形成互助互学的良好氛围。

（三）渐进性：支持专业能力的阶梯式发展

基于建构主义理论与最近发展区理论，导学团队构建了"学—练—赛"三维能力发展模型（见图 2），通过系统性知识架构与阶梯式任务设计，实现语言能力的渐进式进阶。基于学生的学习需求，结合大一阶段开设的精读、口语、听力、语法等基础性课程，导学团队精心设计导学内容，构建"认知脚手架搭建—技能迁移训练—综合能力转化"的培育路径，推动语言能力与综合素质的全面提升。

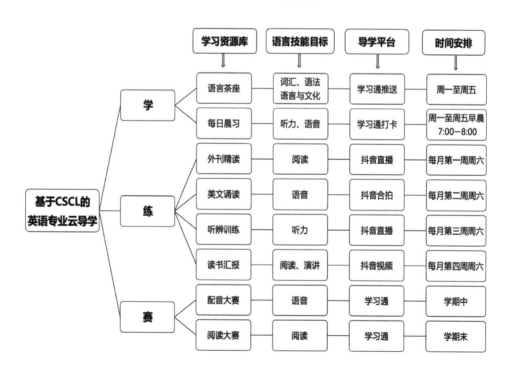

图 2　云导学模式下新生专业能力发展模型

1. 认知脚手架搭建模块（学）

考虑到新生的畏难情绪和基础薄弱等问题，导学团队基于脚手架式支持策略，从认知负荷理论出发，精心规划并交错发布轻量级语言输入任务，避免单一任务引发的认知疲劳和学习倦怠，影响导学效果。在词汇层面，通过学习通平台推送热点话题必备词汇和实用表达，包括但不限于时事新闻、校园生活、职场技能等主题，通过图文并茂的方式呈现词汇释义、用法示例及常见搭配，帮助学生实现词汇的有效积累和内化；或发布网络热词双语解读，选取与学生生活密切相关且具有时代特色的词汇，如"内卷""躺平""破防"等，结合生动形象的例句和语境分析，帮助学生理解词汇内涵并掌握实际用法。

在语法方面，借助学习通平台的作业发布与批改功能，发布语法习题，内容全面覆盖英语专业四级考试的核心语法知识点，如时态语态、从句、非谓语动词、虚拟语气等。学生完成习题并提交后，由系统基于预设的评分标准自动批改，即时生成成绩反馈，同时呈现教师预先录入的语法规则讲解和典型例句解析，帮助学生及时查漏补缺，进一步巩固语法知识。

在听力与语音方面，每日精选发布 8 分钟英语播客（English podcast），涵盖科技、文化、教育等多个领域的前沿话题与社会热点，激发学生的学习兴趣拓展思维深度，开阔视野，扩大知识面；或推送 5 分钟左右的中英双语纪录片《万象中国》，通过生动的视听材料，帮助学生更好地理解中国独特的价值体系、文化内涵和精神品质，激发学生对中国文化的认同感和自豪感。基于丰富多元的视听材料，导学团队设计了一系列晨习任务，从基础的音素识别、音节划分到复杂的重音模式、连读规则、弱读现象等核心语音要素，循序渐进地帮助学生构建完整的语音知识体系，同时通过科学的跟读训练、语调模仿训练、语速控制练习等，使学生掌握行之有效的语音、听力训练技巧。

2. 技能迁移训练模块（练）

本模块侧重于语言知识的巩固与内化，强调语言技能的实践与转化。在外刊精读环节，导学团队精选《经济学人》《金融时报》等国际权威期刊的前沿文章，借助抖音直播平台，通过实时讲解、弹幕互动、在线答疑等方式，引导学生从词汇、句式、篇章结构等维度进行深度分析，重点培养学生的文本解读能力、逻辑推理能力以及批判性思维，使学生能够准确把握文章主旨、作者观点及论证逻辑，同时结合全球热点话题拓展学生的国际视野与文化认知。

在美文诵读环节，团队精心挑选由专业朗读者录制的示范音频，包括莎士比亚的《十四行诗》、华兹华斯的《咏水仙》、雪莱的《西风颂》等文学经典作品以及现代优秀散文，通过跟读模仿、分角色朗读等形式，引导学生深入感受英语语言的韵律之美，逐步提升学生的语感、语音准确性及语言表现力，培养文学鉴赏能力。此外，为了增强学生的实践能力和创新意识，导学团队充分利用抖音短视频平台的合拍功能，鼓励学生以个人或小组形式进行创意诵读展示，激发学生的创作热情与创新思维，并通过平台点赞、评论、转发等互动机制，增强学生的参与感与成就感。

在听辨训练环节，团队结合国家地理学习（National Geographic Learning）开发的权威听力教材 *Listening & Notetaking Skills*，依托其丰富的内容资源和科学的任务设计，通过抖音平台开展听力训练。在直播过程中，导学团队采用分段式听力训练法，通过引入背景知识、展示图片或视频等方式引导学生预测听力主题，激活知识储备，并通过关键词提示帮助学生聚焦核心内容；结合教材中的多样化练习，系统讲解符号、缩写、关键词、思维导图等专业笔记技巧，帮助学生逐步掌握信息抓取、逻辑梳理与内容整合的能力。直播过程中设置实时互动环节，通过弹幕提问、连麦答疑、在线测试等方式，及时解答学生疑问，并根据学生的反馈动态调整练习节奏与内容，确保每位学生都能获得个性化的指导与反馈。

在读书汇报环节，导学团队为学生提供教育部发布的英语专业必读书目名录，鼓励学生根据个人兴趣自主选择书目进行深度阅读，并通过撰写读书报告、开展主题演讲等多种形式展示阅读成果，在梳理情节、分析人物、探讨主题的过程中，培养学生的批判性思维能力、逻辑表达能力以及学术写作能力，拓展文化视野，提升人文素养。

3. 综合能力转化模块（赛）

积极组织各类学科竞赛，通过科学制定竞赛评价标准，确保评价体系的客观性和公正性，同时邀请资深外教、任课教师组成高水平的评委团队，确保评审的公正性与权威性。为了进一步激发学生的参与热情，导学团队设置了多元化奖励机制，包括学科竞赛加分、荣誉表彰、参赛奖品及其他激励措施，鼓励更多学生勇于参赛、积极挑战自我。

在具体赛事方面，配音大赛采用情景模拟、角色扮演等创新形式，精心设计影视片段配音、原创剧本演绎等竞赛环节，从语音、语调、语速、情感传递以及艺术感染力等多个维度对学生的综合能力进行评估。阅读大赛重点考察学生的深度阅读能力与批判性思维能力，要求学生在准确理解文本的表层信息（如主旨大意、细节描述及基本结构）的基础上，进一步挖掘文本的潜在内涵，通过分析作者的情感态度、写作意图、隐含观点以及文化背景等深层次内容，实现对文本的全面把握与深刻解读。赛事构建了完备的反馈体系，不仅对参赛学生的表现进行量化评分，还在赛后组织专题总结会，邀请获奖选手分享经验、专业教师点评指导，帮助学生明确改进方向，形成"以赛促学、以学促赛"的良性循环，助力学生逐步形成扎实的专业基础、强烈的创新意识和突出的实践能力。

五、实践效果分析

为全面验证云导学模式的实践效果，笔者以英语专业大学一年级学生为研究对象，在三个平行班级中开展了为期一学期的纵向追踪研究。本研究采用定量与定性相结合的综合研究方法，以保障研究数据的完整性与可信度。在定量数据方面，学习通系统实时采集学生在学习过程中的行为数据，包括登录频率、学习时长、资源使用情况（如视频观看次数、文档下载量、在线讨论参与度等）、任务完成进度（如作业提交率、测验成绩、项目完成度）等指标，并对数据进行统计分析和可视化呈现。研究还实施了基于李克特量表的问卷调查，问卷设计涵盖学习动机、学习参与度、学习满意度等维度，问卷发放与回收均通过云平台完成，以确保数据的真实性和时效性。

考虑到新生刚进入专业学习阶段，语言基础相对薄弱，研究团队充分借鉴了英语四级口语考试（CET-SET4）的内容设计、考试流程和评分细则，开展了导学前测和后测。前测在学期初进行，旨在了解学生的初始水平；后测在学期末进行，以评估学生学习成效。测试内容包括短文朗读、简短回答、个人陈述等环节，评分标准涵盖语音语调、流利度、语法准确性、词汇丰富性及交际能力等维度。测试期间，所有环节均采用专业录音设备全程录音，确保测试数据的完整性和可追溯性。测试结束后，由资深外教和任课教师组成评审团队，采用双盲评审方式（即评审者对学生身份信息完全未知），通过回放测试录音开展独立评分工作，并对评分结果进行交叉验证和统计分析，以确保评分的客观性和科学性。

定性数据方面，本研究组织了焦点小组访谈，访谈对象从三个班级中随机抽取，每班6—8人，访谈内容围绕学生对云导学模式的学习体验（平台使用的便捷性、学习资源的丰富性、学习方式的适应性等）、认知变化（自主学习能力的提升、对专业知识的理解深度、对英语学习的兴趣变化等）及建议反馈（对平台功能的改进建议、对导学设计的优化意见、对教师指导的需求等）展开，深入挖掘学生的真实感受和潜在需求，为后续改进提供实证依据。

研究结果显示，经过一个学期的跟踪调查和持续观察，英语专业新生在语言能力、学习动机、学习参与度以及学习满意度等多项学习指标上均呈现出显著的积极变化，特别是在学习动机和学习参与度两个核心维度上，提升效果尤为突出。本研究采用SPSS 29.0统计软件对学生导学干预前后的测试成绩进行统计分析，通过 Kolmogorov-

Smirnov 检验方法对数据进行正态性检验，K-S 显著性水平 p 值为 0.090（$p > 0.05$），表明样本数据符合正态分布假设，大部分学生的成绩集中在一个比较合理的范围内，极端高分或低分的情况相对较少。在此基础上，通过成对样本 t 检验分析发现，学生在导学前后测中的表现存在显著性差异（$p = 0.001 < 0.05$）（见表 1），表明云导学模式对学生的学习效果产生了积极影响。然而，在数据深入分析的过程中发现，约 28.6% 的学生后测成绩低于前测，经过进一步的学习行为数据分析，发现这类学生在导学过程中的参与度普遍较低，平均互动次数仅为高参与度学生的 1/3，且自主学习时间远低于平均水平。这一研究结果进一步证实了导学的有效实施与学生的学习效果呈正相关关系，凸显了导学在学习过程中的重要性。

表 1　导学前后测的成对样本检验

	均值	标准差	配对差值标准误差平均值	差值 95% 置信区间		t	自由度	显著性	
				下限	上限			单侧 p	双侧 p
配对 1 前测－后测	-2.200	5.012	599	-3.395	-1.005	-3.673	69	<0.001	<0.001

通过质性研究方法的深入分析，发现学生普遍认为云导学模式打破了传统课堂的时空限制，提供了更加灵活和个性化的学习体验，使其能够根据自身的学习节奏和需求安排学习进度，从而更有效地掌握语言知识与技能。云平台提供的丰富学习资源和智能化学习工具也极大地激发了学生学习的自主性，促使他们更加积极主动地参与到学习过程中。研究还发现学习通平台的即时反馈机制对学生的学习效果提升起到了关键作用。学生在访谈中提道，"学习通的即时评分让我清楚地知道自己的薄弱环节""（我）平时在课上不太敢主动表达，线上就会少很多顾虑"。这些反馈进一步验证了云导学模式在提升学习效果方面的优势，特别是在增强学生学习信心、降低学习焦虑、提高学习效率等方面表现突出，为后续导学模式的优化提供了重要参考。

六、结语

本研究在计算机支持的协作学习理论指导下，构建了英语专业新生云导学模型。通过多维度数据分析，研究团队验证了云导学模式在解决新生适应性问题上具有显著效果，特别是在缓解新生心理压力、提升学习效率和促进师生互动等方面展现出独特的优势。随着人工智能技术在教育领域的深度融合与创新应用，云导学模式展现出更加广阔的发展前景。借助 AI 助教、知识图谱等先进技术，导学平台将能够实现 24 小时在线答疑，为学生提供智能化的学习诊断服务，并根据每位学生的学习特点与需求，定制个性化的导学方案，实现学习资源的精准匹配与学习过程的智能引导。智能批改功能大幅减轻了教师的工作负担，提高了导学效率。深度融合人工智能技术的云导学模式，将为教育的智能化、个性化和高效化发展开辟广阔的应用前景，推动教育质量的全面提升。

综上所述，云导学模式通过其灵活性、丰富的资源和即时反馈机制，显著提升了学生的学习效果和学习体验。这为后续导学模式的优化提供了重要参考，同时也为未来研究探索技术赋能教育提供了实证依据。

Research and Practice of a CSCL-Based Online Orientation Model for Freshmen Majoring in English

Abstract: Based on the theory of Computer-Supported Collaborative Learning (CSCL), this study developed and implemented an online orientation model for freshmen majoring in English. Through the analysis of both quantitative and qualitative research data, the study confirms that the model can effectively enhance freshmen's learning adaptability, especially in terms of stimulating learning motivation, increasing learning engagement, improving learning efficiency, enhancing learning outcomes, and promoting teacher-student interaction. With the deep integration and innovative application of AI technology in educational scenarios, the model shows great potential for further development.

Key words: Computer-Supported Collaborative Learning (CSCL); freshmen majoring in English; online orientation model; learning adaptability

外语教学理论与实践

基于自主学习理论的大学英语教学中
人文素养提升的实践[①]

李京函 段 冉

（华北理工大学，河北 唐山 063210）

摘要： 在全球化背景下，英语作为国际交流的重要工具，其教学在高等教育人才培养中占据着举足轻重的地位。本研究以自主学习理论为基础，旨在探讨如何在大学英语教学中融入人文素养教育，以培养学生的自主学习能力和跨文化交际能力，找到德育与智育的平衡点，实现课程的知识目标、能力目标与育人目标。在高等学校本科教学质量与教学改革工程不断推进的大背景下，通过分析当前大学英语教学中存在的问题，本研究提出了以自主学习为基础的大学英语教学人文素养提升框架，并探讨了这些策略在实际教学中的应用效果及潜在价值，以期实现大学英语教学在新时代人才培养中的价值。

关键词： 大学英语教学；人文素养；自主学习；教学创新

一、引言

随着全球化进程的加速，大学英语教学不仅承担着语言技能传授的任务，更肩负着培养学生跨文化交际能力和人文素养的重任。《大学英语教学指南》（2020 年版）指

---

① **作者简介：** 李京函（1988— ），女，华北理工大学外国语学院讲师，硕士。研究方向：应用语言学、外语教学。段冉（1982— ），女，华北理工大学外国语学院副教授，硕士。研究方向：翻译、外语教学。

基金项目： 本文为 2023 年度河北省高等学校英语教学改革研究与实践项目 "'三进'背景下基于 POA 的大学英语课程思政教学研究与实践——以'理解当代中国'为例"（2023YYJG036）的阶段性成果。

出，要充分挖掘大学英语课程丰富的人文内涵，实现工具性和人文性的有机统一。然而，当前大学英语教学中存在学生自主性不足和人文素养缺失的问题，这些问题制约了学生综合能力的提升。

国内外学者对自主学习和大学英语教学已有广泛研究。自主学习理论认为，学习者应具备自我管理学习的能力。Henry Holec 提出自主学习是"对自己学习负责的一种能力"，强调了学习者在学习过程中的主体性①。大学英语教学中的自主学习研究主要包括课程内容改革、教学方法探索、技术辅助教学、评价体系研究等方面②③。对学生自主学习与大学英语教学进行研究可以促进学生的自主学习能力和人文素养的提升，为教学实践提供更丰富的理论支持和实践指导。

在大学英语的教学中，除了语言技能的培养，教师还应注重提升学生的人文素养，以适应全球化的国际交流环境。人文素养的培养不仅有助于学生理解不同文化背景下的价值观和行为模式，还能促进其跨文化交流能力的提高。在大学英语教学中，人文素养的培养是一个多维度、多层次的过程，涉及语言知识、文化意识、伦理道德等多个方面。研究表明，人文素养的培养对于提升学生的跨文化交际能力具有重要作用。例如，陈芙等指出，在大学英语课堂中融入中国文化符号，可以增强大学生对中国文化的理解，从而提升国际形象传播能力⑤。此外，人文素养的培养还有助于学生形成批判性思维和独立判断能力。近年来，学者们提出了多种在大学英语教学中培养人文素养的策略和方法，如文化沉浸法等⑥。此外，多媒体和网络资源如电影、音乐、文学作品等，也是培养学生人文素养的有效手段。尽管已有诸多研究和实践，但在大学英语教学中培养人文素养仍面临诸多挑战。例如，如何在有限的课时内平衡语言技能和人文素养的培养，如何评估学生的人文素养水平等，都是当前研究中亟待解决的问题。

本研究以问题为导向，结合理论基础和实践经验，依据"以学生发展为中心"的理念，力求探索出有效的方法，并应用到教学实践中，也希望能形成具有辐射推广价值的教学新方法、新模式。

---

① Holec H. Autonomy and Foreign Language Learning. Oxford: Pergamon Press, 1981.
② Warschauer M. A Developmental Perspective on Technology in Language Education. TESOL Quarterly, 2022(3): pp. 453-475.
③ 林婷：《人工智能辅助下大学英语写作自主学习的教学手段革新——以批改网辅助为例》，《合肥师范学院学报》，2020年第 6 期，第 83—86，109 页。
④ Biggs J. Teaching for Quality Learning at University. London: Open University Press, 1999.
⑤ 陈芙，高一鸣，孙丹：《国家形象传播视域下中国文化符号在大学英语教学中的应用性研究》，《黑龙江教师发展学院学报》，2024 年第 1 期，第 79—82 页。
⑥ 夏晓碟，肖惜：《基于实景的语言文化环境下的沉浸法教学》，《教育现代化》，2019 年第 6 期，第 211—217 页。

二、大学英语教学中的"痛点"问题

大学英语教学改革是教育部提出的高等学校本科教学质量与教学改革工程中的重要组成部分。自 2011 年提出至今，大学英语教学改革以提升大学英语教学的质量和效率，培养适应社会发展和国际交流需要的人才为总体目标，结合时代发展和社会背景，对大学英语教学实践提出与时俱进的要求。大学英语教学应贯彻立德树人的教育理念，提升学生的英语应用能力和综合素质，培养具有国际视野的人才。教育部在 2020 年和 2022 年先后发布《大学英语教学指南》（以下简称《指南》），提出了大学英语教学中亟待解决的问题，为新时代大学英语教学指明了方向。2022 年版《指南》在强调大学英语兼具工具性和人文性双重性质的基础上，对于教学目标有了更加明确具体的要求：大学英语教学应培养学生的外语应用能力、跨文化交际意识和交际能力，以及自主学习能力，提高综合文化素养。在教学方法上，2022 年版《指南》强调了信息时代教学模式的变革，提倡利用现代技术手段支持学生自主学习。目前，大学英语教学模式基本为线上线下相结合，因此，对学生自主学习能力的要求日益提高。在实际教学中，部分学生不能根据个人情况制订学习计划，也难以采用合适的学习策略来完成学习目标。有些学生即使制订了学习计划，但实施过程与效果并不理想。具体表现为课前课后不按照要求认真搜索资料，完成相关任务；上课不主动参与课堂活动；课下不与教师沟通问题。在线上学习中，学生缺乏学习自主性的情况更加明显，部分学生的学习兴趣降低，因此其学习参与度和专注度都有待进一步提升。

在实际的教学中，教学目标不统一，教师注重大学英语的工具性而忽视其人文性的现象较为明显，导致学生人文素养的缺失[①]。许多学生对传统文化和国内外现状了解不足，影响了德育教学目标的实现。为了详细了解大学生的人文素养现状，本研究依据大学生人文素养调查问卷[②]对 180 名大一学生的人文素养知识和人文素养认识程度做了调查。问卷共包含 11 个题目，其中，对人文素养知识的调查为 5 个题目，对人文素养认识程度的调查为 6 个题目。本问卷采用李克特量表（Likert Scale）。人文素养知识满分为 7 分，人文素养认识程度满分为 20 分。本次调查结果显示（见表 1），大一学生人文素养水平相对不高，亟待提升。根据操菊华等[③]对理工科大学生的人文素养水平调查与分析，理工科大学生的人文知识掌握情况相对文科类学生明显较弱，只有 42% 的学生了解抗日战争胜利纪念日，对于时政知识如金砖国家、金融危机等了解不足，只

---

① 刘羽荣：《基于产出导向法的大学英语课程教学改革实证研究》，《海外英语》，2024 年第 11 期，第 4—6 页。
② 王松，谢虹：《医学院校大学生人文素养现状调查与对策研究》，《牡丹江医学院学报》，2017 年第 1 期，第 150—152 页。
③ 操菊华，张蕊，赵昕：《理工科大学生人文素养调查与分析——以武汉工程大学为例》，《高校辅导员学刊》，2013 年第 1 期，第 75—79 页。

有 30%—40% 的学生对此有一定了解。

表 1　大学生人文素养综合得分结果

内容	得分（±s）	最低分 / 分	最高分 / 分
人文素养知识	4.05±0.831	1	6
人文素养认识程度	11.02±1.535	5	19
人文素养总和	14.88±1.681	7	25

三、教学实践

针对当前大学英语教学中存在的问题，本研究从自主学习理论的视角，构建了大学英语教学中学生人文素养提升的框架（见图1）。在此基础上，结合案例分析提出了几点教学实践策略，旨在提高教学效果，在激发学生学习兴趣的同时拓宽他们的知识视野，提升其人文素养。

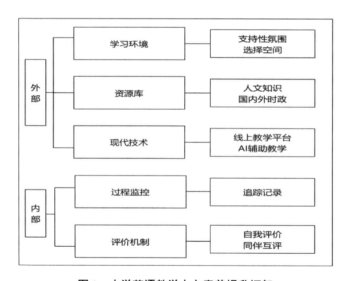

图 1　大学英语教学人文素养提升框架

本研究以本科一年级大学英语课程中的教学实践为案例，通过详细列举和分析这些案例，展示教学创新策略在实际教学中的应用效果，以期达到抛砖引玉的效果。

（一）案例一

以本科一年级第一学期的"大学英语"课程为例，教师在教学中实施了一项旨在融合课本知识与课外实践的创新教学活动。在这一活动中，学生们根据事先安排的实践活动计划，自主选择中国文化中的某一元素进行深入研究，并在课堂上介绍。他们不仅需要详细阐述所选文化元素的历史背景、文化内涵和现实意义，还需要强调相关术语的英文表达方式。在准备的过程中，学生们利用网络平台、AI智能体等现代技术手段查阅资料，对资料进行整合，并将实施过程填写在过程记录表里。这充分展现了学生们的能动性和创新精神。他们热情洋溢地介绍了包括中药（traditional Chinese medicine）、中国动漫（Chinese animation）、中国功夫（Kungfu）、中国刺绣（Chinese embroidery）等在内的丰富多彩的中国文化元素（见图2和图3）。

在实践活动过程中，学生们依据教师提供的评分表，进行了同伴互评（见表2）。这种互评机制不仅提高了学生的参与度，还促进了他们之间的学习和交流。课堂汇报结束后，教师还组织了多种形式的成效检测活动，包括小组讨论、口头报告、书面总结等，形成了活动前、活动中、活动后的有效衔接和相互促进，实现了知识传授与能力培养的有机结合。为评估此实践活动的效果，教师对学生进行了问卷调查和随机访谈，92%的学生表示这种实践活动提高了他们学习英语的兴趣和跨文化交际能力。

通过这一系列的教学实践活动，学生们不仅加深了对中国文化的了解和认识，还学会了如何用英语准确地表达这些文化元素。更为重要的是，这种教学方式极大地激发了学生们学习英语的主动性，学生们不再是被动的知识接受者，而是成为主动的学习者和文化的传播者。这种教学创新策略的应用，不仅提升了学生的英语实际应用能力，也为他们的跨文化交际能力打下了坚实的基础，为未来的学习和工作提供了宝贵的经验和技能。

图2　学生作品展示（中国功夫）　　图3　学生作品展示（中国刺绣）

表2　课堂实践活动同伴互评评分表

Categories	Rating				
	1	2	3	4	5
The theme chosen is closely related to Chinese culture					
The supporting materials are rich and attractive					
The presentation is well structured					
The key words/terminologies are accurate and clearly listed					

（续表）

Categories	Rating				
	1	2	3	4	5
The key sentences are accurate and clearly listed					
The presentation can grab the audience attention and is designed with interaction					
The audience can learn cultural related knowledge and key expressions					

（二）案例二

在本科一年级第二学期的大学英语教学中，教师将国内外政治历史、时事热点、科技文化等话题融入课堂教学，以此丰富教学内容，提升学生的英语综合运用能力。为了让学生更好地掌握这些话题，教师以"学习强国"平台的中英文新闻为依托，建立以提升学生的学习兴趣、人文素养水平为目的的教学资源库，供学生浏览和学习（见图4）。

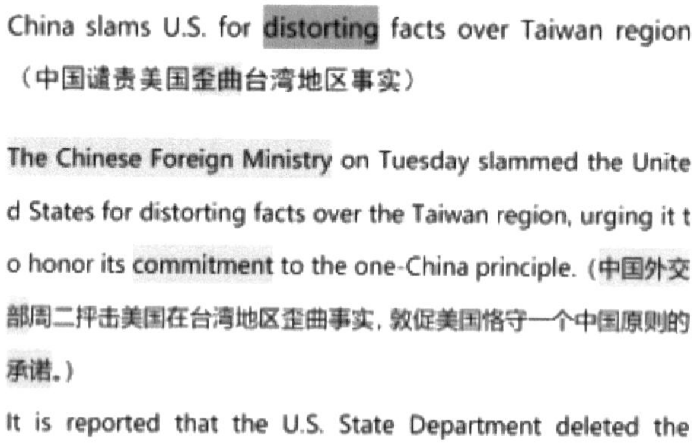

China slams U.S. for distorting facts over Taiwan region
（中国谴责美国歪曲台湾地区事实）

The Chinese Foreign Ministry on Tuesday slammed the United States for distorting facts over the Taiwan region, urging it to honor its commitment to the one-China principle. （中国外交部周二抨击美国在台湾地区歪曲事实，敦促美国恪守一个中国原则的承诺。）

It is reported that the U.S. State Department deleted the

图4 "学习强国"平台英文文章示例

教师选取不同话题中具有代表性的文章，让学生进行课前阅读和分析，在这一教学活动中，学生们深入了解了国内外政治历史的发展脉络、时事热点的背景信息以及科技文化的最新动态。这种教学方式不仅帮助学生掌握了相关话题的内容，还让他们在阅读过程中学习到了地道的英文表达。同时，这种与实际紧密结合的学习方式极大地激发了学生学习英语的兴趣，使他们更加主动地参与到课堂讨论和互动中来。

在教学活动过程中，教师对学生提出了具体的要求。每位学生都被要求在专用的笔记本上记录文章的重点内容，包括关键信息、热点词汇、常用句型等。这样的记录不仅能帮助学生及时巩固所学知识，也为学生日后的复习和总结提供了便利。在课堂上，教师会随机选择两位学生对同一篇文章进行现场交流，并针对重点内容做相应的强调和补充。

活动结束后，教师指导学生对学到的热点词汇和句子进行阶段性的总结并设置多元化的阶段性测试，如课堂随机提问、随堂测验、线上自测等。学生通过整理和复习这些词汇和句子，进一步加深了对相关话题的理解，同时也提高了英语表达的准确性和流利性。教师在整个活动过程中扮演了引导者和监督者的角色，对学生的学习进度和效果进行了有效的监控和管理，确保了教学目标的顺利实现。

通过这种以目标资源库为依托的教学方式，不仅帮助学生拓宽了知识视野，提高了对英语的实际应用能力，还培养了他们的批判性思维和跨文化交际能力，为他们在未来的学习和工作中更好地适应国际化环境打下了坚实的基础。

（三）案例总结

从以上教学实践案例的分析中不难发现，整个教学设计以自主学习理论为根本，以提高学生的人文素养为目的，贯穿了课前、课中、课后的每个阶段。从任务布置到活动实施，再到效果监测和总结反思，每一个环节都经过精心策划和周密安排，以确保教学活动的连贯性和有效性。

课前阶段，教师根据课程目标和学生的实际情况，设计具有针对性和启发性的任务。这些任务不仅允许学生以兴趣为导向进行人文知识的学习和吸收，还鼓励他们利用网络资源和 AI 技术进行自主学习，为课堂上的深入讨论和互动打下基础。

课中阶段，教师以学生课前任务的成果为起点，通过多样化的教学手段，如小组讨论、角色扮演、案例分析等，引导学生主动参与课堂活动并进行同伴互评。教师从传统的知识传授者转变为引导者和协助者，鼓励学生发表观点、解决问题，从而促进知识的内化和能力的提升。

课后阶段，教师通过布置反思性作业、组织小组研讨会等，帮助学生巩固课堂所学，并鼓励他们进行批判性思考。同时，教师还设计了形式多样的效果监测手段，如在线测试、口头报告、书面作业等，以评估学生的学习成果，并及时给予反馈。

教学设计中充分体现了外部手段和内部方法的有机结合，即外部支持性学习环境的创设、人文素养资源库的建立、现代技术手段的辅助，内部过程监控和评价机制的结合。这不仅有助于实现教学目标，还提高了学生的自主学习能力，增强了他们的团队合作意识和批判性思维能力。更重要的是，这种全方位、全过程的教学模式，真正践行了以学生为中心的教育理念，为培养适应新时代要求的复合型、创新型人才奠定了坚实的基础。

四、教学效果评估与反思

通过精心的教学设计，学生的人文素养得到了提高，学习积极性得到了显著提升。无论是线下还是线上课堂，学生都展现出了较高的参与度。在线下课堂中，学生们对于即将到来的实践活动充满了期待，部分学生主动与教师沟通强烈要求参与实践活动。经过问卷调查，87.5% 的学生认为这种课堂实践活动能有效提高他们学习英语的主动性，同时增长了人文知识并开拓了视野。在线上课堂中，学生们同样表现出了极高的参与热情。他们利用各种在线工具和平台，主动参与课堂讨论，与教师和同学进行实时互动。在课下，他们通过班级群、学习小组等社交平台，积极交流问题，分享人文知识和专业知识，形成了良好的学习氛围。学生们的学习热情得到了显著的提高，部分学生将课程中的作品打造成参赛视频或演讲稿，积极参与比赛并取得了出色的成绩（见表 3）。

表 3　学生参与比赛获奖清单

成果名称	获奖时间	获奖项目名称	所获奖项
The modernization of harmony between humanity and nature	2023 年 11 月	河北省高校"世纪之星"英语演讲大赛	三等奖
当科创遇上非遗——皮雕匠心	2024 年 5 月	"高教社杯"大学生"用外语讲好中国故事"优秀短视频征集活动	一等奖
数字中国	2024 年 9 月	"理解当代中国"大学生英语短视频大赛校赛	三等奖

教学不仅仅是知识的传递，更是能力的培养和价值观的塑造。作为高校英语教师，我们深知教学过程中的"痛点"和挑战，因此应不断进行反思，利用课程的合理设计，探索解决问题的方法，以期有效实现课程的育人目标。在新时代的教学中，还应深入分析线下课堂和线上课堂的特点和区别，力求找到适合不同教学环境的有效方法。在线下课堂中，应注重营造互动式的学习环境，鼓励学生面对面交流，充分利用实体教室的空间优势。而在线上课堂中，则要侧重于利用技术手段创造虚拟互动平台，确保学生即使在远程学习中也能保持高度参与。

五、结论

大学英语教学不仅仅是语言技能的传授，更是文化理解、思维训练和人文素养培养的重要途径。因此，大学英语教学应特别注重人文素养的培养和学生自主学习能力的提升。通过不断的教学策略创新，能够有效地提高学生的英语综合应用能力和跨文化交际能力，这是满足新时代对人才培养需求的必经之路。

未来的研究可以在以下几个方面进行深入探讨：首先，如何制定更具针对性的教学策略，以适应不同学生的学习需求和能力水平。这包括但不限于个性化教学计划的制订、差异化教学内容的安排以及多元化教学方法的运用。其次，如何将这些创新的教学策略应用于线上线下等更广泛的教育环境中，实现教学资源的优化配置和教学效果的最大化。再次，研究还应关注如何形成一套完整的过程监控机制和评价机制。通过对教学活动全过程的有效监控，确保教学策略的实施能够达到预期效果。最后，评价机制不应仅限于对教材内容的掌握，更应强调对学生学习态度、参与度、合作能力、创新能力等多维度能力的综合评估。

这些研究可以为大学英语教学提供更为科学、系统的指导，保障教学效果的实现，同时也为学生的全面发展奠定了坚实的基础，有助于培养既具备扎实英语技能，又具有深厚人文素养和自主学习能力的复合型、创新型人才，以满足新时代对高素质人才的需求。

Practice of Improving Humanistic Quality in College English Teaching Based on Autonomous Learning Theory

Abstract: In the context of globalization, English, as an important tool for international communication, plays a crucial role in talent cultivating in higher education. Based on autonomous learning theory, this study aims to explore how to integrate humanistic education into college English teaching to cultivate students' autonomous learning ability and cross-cultural communication skills, find the balance point between ideological education and intellectual education, achieve the course's knowledge, ability and ideological education goals. Under the background of the continuous advancement of undergraduate teaching quality and teaching reform project in colleges and universities, this paper proposes a humanistic quality improvement framework for college English teaching based on autonomous learning through analyzing the existing problems in college English teaching, and also discusses the practical application effects and potential value of these strategies with the hope of realizing the value of college English teaching in talent training in new era.

Key words: college English teaching; humanistic literacy; autonomous learning; teaching innovation

"以赛促学、以赛促教"在高校中的应用与实践

——以河北传媒学院为例[①]

苏银娜 贾存爱 李清澜

（河北传媒学院国际传播学院，河北 石家庄 050000）

摘要："以赛促学、以赛促教"是许多高校探索大学生实践创新能力培养的新模式，高校组织学生参加各类知识技能竞赛，不仅可有效激发学生学习英语的兴趣，而且对学校的专业建设和对国家的人才培养都起到积极的推动作用。河北传媒学院提出"以赛促学、以赛促教"的教学模式，将各类英语技能竞赛的内容引入大学英语教学中，通过听、说、读、写、译等竞赛的方式激发学生的学习热情，提高学生参与的积极性，进一步提升英语教学的针对性、实用性及实践性。这种"赛教融合"的教学理念不仅推动了英语教学的改革与发展，也为学生的职业发展提供了有力的帮助。

关键词：以赛促学；以赛促教；教学模式；赛教融合

一、"以赛促学，以赛促教"的内涵

"以赛促学，以赛促教"是指高校根据自身的专业特点，从大学生学习特点出发，有组织、有目的地鼓励学生参加各种知识技能竞赛。高校中的英语竞赛尤其受到学生

---

① **作者简介：**苏银娜（1978— ），女，河北传媒学院国际传播学院教授，硕士。研究方向：英语语言文学、英语翻译。贾存爱（1974— ），女，河北传媒学院国际传播学院副教授，硕士。研究方向：英语语言文学、英语翻译。李清澜（1965— ），男，河北传媒学院国际传播学院讲师，硕士。研究方向：英语教学与翻译。

的欢迎①，使大学生的英语应用能力、"英语＋专业"能力以及学习方法和技巧等方面都有大幅度的提升，真正实现"赛、学、教"三者融合，"赛、学、教"三位一体，真正贯彻了"以学生为主体""赛教融合"的教学理念。

"以赛促学"和"以赛促教"具有紧密的相关性。对学生而言，"以赛促学"的模式激发了学生的积极性，提高了他们对英语的兴趣，把他们的英语语言知识和专业技能在比赛中展现了出来，增强了他们的实践能力与将理论知识应用于实际问题的能力，还培养了他们的团队合作精神。"以赛促学"可以培养学生在竞赛中充分备赛、团队合作、学习方法创新、解决问题等综合素质。对教学而言，"以赛促教"可以检验英语教师的教学质量，有助于教师在教学中发现问题并及时做出调整，从而增强教师的教学能力。教师可根据竞赛结果调整教学内容，改进教学方法。同时，比赛结果为教学提供了反馈，学生在比赛中的表现反映了教师的教学成效。总之，二者相互促进、协同发展，为教育教学改革带来积极影响。

二、"以赛促学、以赛促教"教学模式的构建意义

（一）有效提升学生的自主学习能力

通过参加校内外的各类英语竞赛，学生学到了很多课外知识，如非英语专业的学生通过翻译竞赛学到了笔译的技巧，习得了中西方国家由于历史、文化、政治、经济等的不同而表现在翻译上的区别。学生不仅掌握了更多的英文词汇，也对西方的文化有了更深的理解。学生将这些知识与技巧应用到日后的英语学习中，能够达到事半功倍的效果。竞赛平台给学生提供了充分展示自我的机会，使其在取得成绩的同时获得了优越感和满足感。学生通常根据自己在英语方面的优势选择不同方式的竞赛，如演讲竞赛、词汇竞赛、语法竞赛、翻译竞赛、写作竞赛、阅读竞赛、听力竞赛、配音竞赛等，他们充分发挥自己的特长，认真备考，必要时寻求网络平台、同学或教师的帮助。各类竞赛不仅开阔了学生的眼界，而且培养了学生的团队合作精神，还让学生提升了不同方面的能力，如演讲竞赛提升了学生的口语能力，词汇竞赛提升了学生记忆单词的能力，翻译竞赛提升了学生的翻译能力等。学生也可以通过参加综合竞赛，正确认识自己与其他学生在英语上的差异，从而了解自身的不足，学习他人的优点，树立合理目标，逐步提高自己的英语水平。

---

① 陈芳：《英语竞赛对强化学生英语实践能力的探讨》，《延边教育学院》，2021年第3期，第80—81页。

（二）大力提升教师的课堂教学质量

各类竞赛不仅激发了学生学习英语的动力，而且激发了英语教师指导学生的积极性，吸引了英语教师为了培养更多优秀的学生在大赛中获奖，全心全意地对学生进行辅导，以期学生最终在各类英语竞赛中取得优异的成绩。传统的"一言堂"教学模式不利于激发学生学习英语的积极性，无法满足学生参加各类英语竞赛的知识需要。近年来互联网的广泛应用，不仅丰富了教师上课的教学手段，也让学生接触到更多的英语竞赛，这是大学英语教学改革的一次契机。动机驱动和问题驱动不仅大大激发了学生自身的主观能动性，还促进了教师在课下引导学生通过各种学习软件（如批改网或学习通等）提高某一方面的技能①。英语竞赛的"师生同奖"激发了英语教师的教学积极性和辅导热情，很多教师在课堂中适当地增加了与大赛相关的教学内容，让课堂教学更富有挑战性，有助于形成学生良性竞争的氛围。同时，教师在课堂中进行分组教学，根据学生某一方面的英语优势，有目的、有层次地进行针对性教学。

（三）有效满足国家对英语人才的需求

"以赛促学"对满足国家的人才需求具有极其重要的意义。一方面，它高度符合国家对创新型人才培养的要求。各类英语竞赛为学生提供了充满挑战与机遇的平台。在竞赛过程中，学生的创新思维得以激发，他们不再满足于传统的学习方式，而是积极主动地在英语学习中不断探索新方法、新途径。通过参与竞赛，学生不仅学会了独立思考，还在团队协作中培养了沟通能力和合作精神。面对竞赛中的各种难题时，他们努力尝试不同的解决方案，从而极大地提升了解决问题的能力。这为国家培养具有创新精神的高素质人才奠定了坚实基础，为国家的未来发展注入了源源不断的活力。另一方面，"以赛促学"有助于提高国家的国际竞争力。在全球化的时代背景下，英语作为国际通用语言的重要性不言而喻。培养具有良好英语水平的人才，能够更好地参与国际交流与合作。无论是在科技领域的学术交流、经济领域的贸易往来，还是文化领域的相互传播，英语都起着至关重要的桥梁作用。"以赛促学"能够有效提升学生的英语综合素养，使他们具备更强的语言表达能力和跨文化交际能力。这样的人才能够在国际舞台上自信地展现国家的风采，为国家在科技、经济、文化等领域的发展赢得更多的机遇和优势，进而提升国家的国际影响力。

---

① 徐鑫：《"以赛促教"教学模式的思考》，《科技视界》，2022 年第 22 期，第 186—187 页。

三、"以赛促学，以赛促教"在高校中的应用与实践

（一）工作思路

针对高校各专业学生的特点，学校以英语学科竞赛为载体，以"以赛促学、以赛促教"为宗旨，以培养创新型人才为目标，在教学中把理论与实践有机结合起来，激发学生学习英语的兴趣，注重学生"英语＋专业"能力的培养。通过各类知识竞赛，不仅激发了学生的创新思想，而且锻炼了学生的创新能力。

（二）实施办法

1. 组织校内外英语竞赛，创造良好的英语学习氛围

各高校组织校内外英语竞赛，以点带面，形成"全校学英语"的良好氛围。河北传媒学院近几年举办多场英语技能竞赛，将校内选拔出的优秀学生推荐到河北省省赛或全国决赛，也鼓励学生直接报名参加河北省或全国性的各类大学生英语竞赛，极大地激发了学生的英语学习热情，变被动学习为主动参与，不仅提升了学生的综合英语能力，还培养了他们的团队协作精神，可谓一举多得。首先，竞赛激发了学生的英语学习兴趣。在英语竞赛中获奖能激发学生的学习兴趣和动机，学生的学习热情和强烈的求知欲推动其发挥英语方面的特长，提高其英语竞赛能力。其次，竞赛增强了学生的主体作用。学生在备赛及参赛的过程中能够体验到学习乐趣和完成学习目标的成就感，这充分体现了学生的主体性，增强了学生在英语学习中的主体地位。再次，竞赛能够明确英语学习的目的和任务。英语竞赛充分体现了"以赛促学、以赛促教"的任务，其目的是让学生通过英语竞赛巩固和增强英语语言知识，提高语言技能，同时也让教师在英语竞赛中获得更多的经验，从而应用到英语课堂教学中。最后，竞赛有助于教师做出及时、恰当的反馈评价。学生在竞赛中所付出的努力和表现应得到英语教师的充分肯定和恰当评价，这能极大增强学生的自信心，进而激发其内在的、更大的学习动力。英语教师的评价也要遵循及时、公平、积极和多元性等原则[①]。

2. 制定一套切实可行的英语竞赛管理条例

学校开展"以赛促学，以赛促教"活动需要学校建立相应的政策支持，各高校根据自己的实际情况，制定一套切实可行的英语竞赛管理条例，有助于学校英语竞赛的顺利实施。河北传媒学院从制度、组织、衔接、应用、保障五方面构建体系，内容如下：

---

① 郭嘉：《高职院校生源结构变化背景下"以赛促学，以赛促教"促进公共英语教学模式改革的探索与实践》，《科学咨询（科技·管理）》，2021 年第 8 期，第 202—203 页。

（1）制度设计：明确导向与架构

核心定位：将竞赛纳入人才培养方案，每年举办 3—6 场校级赛，对接省级及国家级赛事（如全国大学生英语竞赛等）。

管理机制：成立教务处或国际传播学院牵头的竞赛管委会，统筹规划与监督；设立专项经费，覆盖赛事组织、教师津贴与学生备赛支持。

（2）组织实施：全流程规范管理

赛前：主办部门提前两个月提交方案（含主题、赛程、评分标准），多渠道宣传动员，鼓励个人 / 团队报名。

赛中：采用双机位监考＋系统查重确保公平，校内评委高级职称占比≥30％，评分附详细批注。

赛后：一周内公示结果并发布分析报告，获奖学生获课程平时成绩加分，教师获评优资格。

（3）教学衔接：强化竞赛与课堂融合

知识点融入：教师结合赛事调整教学，如翻译课增设"时政文本"专题，词汇课设计"每日打卡"任务。

资源转化：整理竞赛真题与易错点为习题集，用于课堂训练；为学生建立"能力档案"，记录薄弱环节并跟踪指导。

（4）成果应用：深化赛教融合效能

课程改革：依据竞赛反馈修订大纲，如增设"中西文化对比"课程；开发"英语竞赛实战指南"材料。

教研创新：定期开展"赛教融合"研讨会，鼓励申报相关课题；学生参与赛事组织（如报名统计、赛场布置），培养综合能力。

（5）执行保障：动态监督与调整

管委会每学年检查学生"参与率"（目标≥40％）与"融合度"（教师课堂提及竞赛课时占比≥30％）；每年根据反馈修订条例，如新增线上竞赛预案、优化跨专业组队规则。

通过该条例，河北传媒学院实现竞赛从"零散活动"到"系统育人环节"的转变，近三年学生的省级及国家级奖项获奖率提升 40％，推动英语教学向应用实践转型，为"以赛促学、以赛促教"提供管理范式。

（三）工作成效

近几年河北传媒学院积极组织学生参加校内和校外的各类大学英语竞赛，如组织全校学生报名参加河北省教育厅、外语教学与研究出版社、高等教育出版社、清华大学出版社、中国外文局亚太传播中心等举办的大赛，学生在各类英语竞赛中取得了优异的成绩。

  河北传媒学院通过采用"以赛促学"的教学模式，有效增强了英语学习的竞争性，调动了学生学习英语的积极性，激发了学生学习英语的兴趣。"以赛促学"为学生在平时的英语学习中带来诸多好处：在知识积累上，备赛促使学生广泛接触各类英语材料，大量的阅读和听力练习让他们积累了丰富的词汇，常用词、生僻词、专业术语都有所涉及。同时，对语法的系统复习和强化，使他们更准确地理解和运用语法规则，为英语表达打下坚实基础。在技能提升方面，比赛中的听说环节有助于提高学生听力能力、口语流利度、发音准确性及表达逻辑性，而阅读写作任务则提升了他们的阅读速度、理解能力以及写作时的语言组织和运用能力。更重要的是，"以赛促学"能转变学生的学习态度和习惯。竞争氛围可以激发学生的好胜心，增强其学习动力，让他们更积极主动投入学习。学生在备赛过程中也培养了自律性，学会了有计划地学习和训练。学生在参加学校组织的各类英语技能竞赛中获得了自信，通过竞赛找到了更强的竞争对手，从而为了达到更高的学习目标而不懈努力。

四、结语

  "以赛促学、以赛促教"深化了大学英语教学改革，实现了"学"与"教"的双向提升。"以赛促学"通过竞赛激发学生主动性，使其在词汇积累和听说读写译训练中提升综合能力，在备赛过程中培养自律与竞争意识；"以赛促教"则以赛事为导向，推动教师优化教学内容与方法——如结合演讲竞赛强化口语逻辑训练，通过翻译竞赛融入跨文化知识，促进"讲授型课堂"向"赛教融合"转型。

  未来，教师将进一步将竞赛资源与日常教学深度结合，可将竞赛真题、评分标准等融入课堂训练，让"赛教融合"更具针对性；学校与学生也将在赛事组织、备赛策略上形成合力，以实现"以赛强学、以赛优教"的育人目标。"学教互促"的模式不仅提升了学生的英语应用与创新能力，也推动了教师专业发展，为大学英语教学改革注入新动能，助力培养适应时代需求的复合型人才。

Application and Practice of "Learning through Competition, Teaching through Competition" in Colleges and Universities: A Case Study of Hebei Institute of Communication

Abstract: "Learning through competition, teaching through competition" is a new model that many colleges and universities are exploring to cultivate college students' practical innovation capabilities. Organizing students to participate in various knowledge and skill competitions, not only is the interest of students in learning English effectively stimulated, but it also plays a positive role in promoting the professional construction of the school and the talent cultivation of the country. Hebei Institute of Communication has proposed a teaching model of "learning through competition, teaching through competition," introducing the content of various English skill competitions into college English teaching. Through competitions such as listening, speaking, reading, writing, and translating, it stimulates students' enthusiasm for study, improves students' participation, and further enhances the specificity, practicality, and practicability of English teaching. This teaching philosophy of "integrating competition and teaching" not only promotes the reform and development of English teaching but also provides strong help for students' career development.

Key words: learning through competition; teaching through competition; teaching model; teaching and competition integration

论英语文学课程融入医学人文教育的
基础、意义及路径[①]

王学功

（内蒙古科技大学包头医学院人文与国际教育学院，内蒙古 包头 014000）

摘要：英语文学课程与医学人文教育的融合基础在于，文学的本质、主体和主题与医学有密不可分的关系。融合的意义包括：服务国家战略，促进相关学科发展；提升人文素养，缓和医患矛盾；消解医务人员负面情绪，使其获得继续前行的力量。融合的途径有以下五点：修订人才培养方案，明确英语文学在医学人文课程体系中的位置；利用信息化技术，构建混合式教学模式；以课程思政为引领，借鉴国外先进经验，形成中国特色医学人文课程；利用英语文学的方法和工具，培养核心医学人文素养，养成医学人文习惯；鼓励医学人文科研，注重塑造医学人文愿景与榜样的力量。

关键词：英语文学课程；医学人文教育；融合

英语文学课程融入医学教育最早缘起于 20 世纪 70 年代的美国，80 年代传入中国，逐渐引起了关注和讨论。进入 21 世纪，国内医学院校开设了相关课程，如北京大学医学部的"文学与医学导论"、南京医科大学的"疾痛主题英语文学选读"、天津医科大学的"西方经典文学中的医学叙事"、成都中医药大学的"医学与文学"等。但是，这

---

① **作者简介：**王学功（1978—　），男，副教授，博士，北京大学访问学者。研究方向：比较文学、医学人文教育。
　　基金项目：本文为内蒙古自治区社科基金外语专项"英美文学课程思政混合式教学模式研究"（2023WY12），内蒙古教育厅研究生教育教学改革研究项目"课程思政视角下的研究生英语混合式教学模式研究"（JGCG2023142）的阶段性成果。

些课程只是少数高校的先锋探索，英语文学在医学人文教育中的作用仍未得到应有的重视，甚至医学人文教育仍有待重视和加强。医学人文是医学的灵魂，是医院高质量发展的核心和关键，英语文学中有诸多涉医作品，蕴含深厚的人文精神，可以丰富学生对疾病、痛苦、生死的理解，提升学生的感受能力、反思能力、审美情趣与人文素养，促进医学人文教育的发展。本文在梳理中外文献的基础上，探讨了英语文学课程与医学人文教育融合的基础、意义和路径。

一、融合的基础

英语文学与医学融合的基础在于二者的共同本质：人学。文学即人学，以人的情感、自由、存在、精神为关注点；医学亦人学，关注人的心理、生理、疾病。人是精神与身体、心理与生理的整体。文艺复兴时期的人文主义，强调"完整、完全、完美"的理想化的人，体现了理性与感性、科学与人文的合一。自工业革命以来，又细分了科学、道德、艺术不同价值领域，开启了"诸神间的斗争"。人类文明裂解成文艺与科学两个阵营，医学与文学便分道扬镳，渐行渐远。"医学人文是一种通过使用文学文本来提升对健康问题讨论的方法，与疾病相关的诗歌和小说不仅能有效刺激我们进入医疗状况的深层次探讨之中，也能引发我们对病人和医护人员的态度、情绪和文化价值的深度思考。"① 医学人文教育的核心目的是将人文与医学科学及实践相结合，尊重人的利益、价值、尊严，把医学生培育成人格健全、和谐、全面发展的人。

英语文学与医学融合的基础在于共同的以叙事为基础的表述方式，表述方式取决于思维方式。根据萨丕尔-沃尔夫假说，语言先于个体的存在，语言形态制约着思维模式，在不同文化背景下，不同语言所具有的结构、意义和用法等差异，在很大程度上决定了使用者的思维方式。例如，汉语多用人称主语和主动语态体现中国主体融入客体的思维方式，即"天人合一"的思想；英语常用物称主语和被动语态体现西方主客二分的思维方式，客体是主体征服和认知的对象。人类通过母语认知世界，面对相同的物质存在，头脑中形成各异的图象和概念。学习一门外语即习得一种全新的思维方式，英语文学可以提供迥异于汉语表述的视角。无论是人文主义还是叙事医学，都强调多元视角和视角转换，思维方式的改变自然导致视角的转变，英语文学在医学人文培养方面具有天然优势。

英语文学与医学相互影响、相互促进，具有密不可分的关系。其一，创作、欣赏、

---

① Robb A J, Murray R. Medical Humanities in Nursing: Thought Provoking? Journal of Advanced Nursing, 1992, 17(10): pp. 1182-1187.

评论文学的主体不乏各种疾病的患者，疾病提供了创作素材与灵感，提供了欣赏与评论的独特视角。约翰·济慈（John Keats）弃医从文，成为英语文学史上的高峰；美国作家弗朗西斯·斯科特·基·菲茨杰拉德（Francis Scott Key Fitzgerald）身患重病时创作了《夜色温柔》，借此化解身心痛苦，疗愈心理创伤，达到精神疗救和治愈社会的目的；弗拉基米尔·纳博科夫（Vladimir Vladimirovich Nabokov）在后记中坦言创作《洛丽塔》的第一次悸动是1940年初在巴黎患上严重的脊椎神经痛时，并在引言中说男主角的忏悔具有病理学和伦理学价值；苏珊·桑塔格（Susan Sontag）患有严重的糖尿病，促成了她的作品《疾病的隐喻》。杰弗里·梅耶斯（Jeffrey Meyers）曾指出，艺术家（包括作家）首先具有一种"病人"的身份，疾病赋予人心灵感悟、精神力量及创作才能[①]。其二，文学文本中关于疾病和死亡的描写与叙事，为医学人文教育提供了鲜活的素材，契合对人的存在、精神、价值、尊严等人文精神的探讨。疾病与死亡的主题往往受到作家的青睐，作家利用多种艺术手段阐释疾病、死亡，展示情感体验，诉说人生困境，探索人之所以为人的共通性，正如托马斯·曼（Thomas Mann）所说："通过疾病和死亡、对生理器官的痴迷探索以及医学体验，可以预感到一种新的人性。"[②]

二、融合的意义

英语文学课程与医学人文教育的融合意义有以下三点：服务国家教育发展战略，推进"新医科""新文科"建设，促进医学人文、外国文学等学科发展；适应现代医疗模式的需要，提升医学叙事能力与医学人文素养，缓和医患关系，减少医疗纠纷；通过阅读英语文学作品，涵养道德、培养情趣、提升品位，体会诗意之美、感悟人生智慧，有助于医务人员强化身份担当，消解负面情绪，增强职业荣誉感和认同感，同时"诗意地栖居在大地上"。

《"健康中国2030"规划纲要》强调了加强医疗行业人文关怀与建立和谐医患关系的重要性；《教育部、卫生部关于实施临床医学教育综合改革的若干意见》明确指出高等医学院校要加强学生医学人文素养，促进医学技术与医学人文的有效融合，培养全面发展的优秀临床医生。英语文学课程融入医学教育顺应国家发展大潮，可促进医学人文的发展，契合新医科与新文科建设学科交叉融合的内涵。二者的融合有利于外国

---

① 杰弗里·梅耶斯．顾闻，译：《疾病与艺术》，《文艺理论研究》，1995年第6期，第86页。

② 方维规：《"病是精神"或"精神是病"——托马斯·曼论艺术与疾病和死亡的关系》，《北京大学学报（哲学社会科学版）》，2015年第2期，第57—66页。

语言文学学科的发展。蔡基刚指出，英语专业的出路在于跨学科，即专门用途英语，倡导将作为教学方法的专门用途英语提升为学科，并以医学英语为例，探讨了可以开设的课程^①。专门用途英语是英语专业教师和学生应对危机、实现突破转型的出路，也是外国语言文学学科发展的可行路径。

"生物—心理—社会医学"的现代医疗模式，凸显以患者为中心的特点，需要从业者具有深厚的人文素养。叙事医学顺应医疗模式的改变，是文学融入医学的一种实践医学方式，通过学习和讨论文学作品提升医学生的正直、包容、怜悯、共情、理解、沟通等核心人文能力，使医学生不仅关注患者的身体，也关注其痛苦和心理感受，并向患者表达这种关切。实践叙事医学的关键在于以患者视角，提供充满人文关怀的医疗，理解患者的担忧和企盼，主动反思自己的医疗实践。视角的转换，有助于建立良好的人际关系，缓和医患矛盾。

医学人文教育必须同时承认患者与医生作为人的尊严、利益、价值。文学的治愈抚慰功能同样适用于医生，身心俱疲的医生更需要休憩，以获得继续前行的力量。医院的工作类似于战场，医生要面对生命的脆弱和死亡的情境，每个人都在苦苦挣扎，疲惫不堪。医务人员容易被一些患者多疑、愤怒、挑剔、指责等负面情绪波及和传染，加之家庭、经济、晋升等种种现实压力，易产生自我否定和怀疑，甚至陷入失望、抑郁不能自拔。医务人员阅读英语经典文学作品，能够激发对生活的情趣，重获生命的意义，觉察人生的诗意，为自己找到精神的栖息之所。在审美体验中，医务人员可以走出尘俗的世界，进入审美的世界，使心灵得以释放，灵魂得到净化，精神感到振奋，负面情绪得以消解，从而获得自我治愈的力量。文学批评家诺思洛普·弗莱（Northrop Frye）说过："在当今这样一个疯狂的世界里，不应当忽视文学和艺术所具有的助人康复的巨大力量。"^②

三、融合的路径

英语文学课程与医学人文教育融合的路径有以下几条：修订医学院校人才培养方案，构建医学人文课程体系，确立英语文学在课程体系中的位置；充分利用现代信息化技术手段，构建英语文学混合式教学模式，利用技术优势采用多种评价手段，加强医学人文教育实效；以课程思政为引领，引入跨文化视角，批判地借鉴英语世界文学

---

① 蔡基刚：《危机中的英语专业出路："外语，"复合型还是专门用途英语？》，《上海理工大学学报》，2023 年第 3 期，第 227—232 页。

② Frye N. Literature as Therapy. Denham R. The Eternal Act of Creation. Bloomington: Indiana University Press, 1993: pp.21-36.

融入医学人文教育的理念与经验，形成中国特色的医学人文课程；充分挖掘英语文学的教学研究方法，如文本细读、反思写作等，培养医学生医学人文核心素养，养成医学人文习惯；激励医学人文的科研活动，以科研促教学，注重塑造医学人文愿景与榜样的力量。

人才培养方案对人才培养起着纲领性的重要作用。国内大多数医学院校人才培养方案没有设置英语文学相关课程。为实现医学人文教育的目的，构建完整的课程体系，英语文学课程不可或缺，应明确其位置，如将其设为 2 学分选修课，或与医学史、医学伦理学、医学法学、医学人类学等形成完整的课程体系。实际上，医学生进入临床环境实习实践后，会发现现实中的"潜规则"与学校显性课程教导不一致，便会影响其行为，产生情绪反应。修订人才培养方案，应关注医学生在实习实践中面临的显性课程与"潜规则"的冲突，界定"潜规则"的危害和不利方面，采取相应措施，修正其负面影响。

混合式教学模式是高等教育教学改革的大势所趋，构建英语文学混合式教学模式包含四方面内容：智能互动的教学方式、共时性的教学流程、丰富规范的教学内容、多层次开放性的评价体系。混合式教学打破了线下教学单一的教学条件限制，利用现代信息技术，使师生形成教学相长的多边良性互动。混合式教学流程是共时生成的，如基于情境的任务型教学、智能在线检测与即时反馈、合作学习等新型教学流程。混合式教学模式的教学内容应引入比较文学视角，在中西文化冲突对比中发现医者仁心的价值。混合式教学模式的教学评价体系应利用大数据等信息技术，进行即时、全程、分阶段的形成性评价，对于学习者提交的作品、电子档案等引入自我评价和同伴评价，凸显评价的过程性、开放性与个体差异性。

以跨文化视角批判地借鉴英语世界医学人文教育的先进经验，是行之有效的方法。例如，2018 年宾夕法尼亚州医学院一项研究表明，建立翻译工作坊，让具有双语能力的医学生为英语语言能力受限的患者充当医学翻译，可有效提升医学生共情的核心人文素养[1]。国内医学院校可以借鉴项目实施步骤，与其附属医院合作开展同类实验项目及研究。再如，美国学者卡茨－赛德罗（Rachel J. Katz-Sidlo）受犹太教启发，提出了"探访病人"的医学人文模式[2]。"探访病人"模式具有不计利害得失、甘心奉献的宗教精神，应是一种行之有效的人文关怀模式和医学人文教育模式。然而，鉴于此模式不符合我国国情，不宜全盘照搬，但仍有借鉴价值。奥斯勒在《行医的金科玉律》中指

---

[1] Vargas P, et al. Implementing a Medical Student Interpreter Training Program as a Strategy to Developing Humanism. BMC Medical Education, 2018(18): p.141.

[2] Rachel J K. The "Sick Visit" (Bikkur Ḥolim): A Model for Medical Humanism. The Torah U-Madda Journal, 2002(11): pp. 224-237.

出，医学是关乎人性和情感表达的一种社会使命，要完成这项使命不仅需用脑，更需用心。国内兴起的课程思政建设正是要解决入脑入心的思想信念问题，可以取代西方医学人文教育中宗教思想引领的位置，以思政引领建设有中国特色的医学人文课程。

英语文学能为医学贡献什么？提供特有的方法和工具，如文本细读法与反思性写作。文本细读法指 20 世纪 20 年代英语新批评学派开创的一种批评方法，通过阐释词语的多重含义、发掘词句表意的微妙之处、关注词语的选择和搭配，细密地研究作品意象、上下文及言外之意。卡伦认为文本细读是叙事医学的有利工具，可以帮助人们发现习焉不察的东西，文本细读可以训练医学生和医生阅读文学文本的专注力，同时可以培养他们细致入微的理解力和洞察力，捕捉患者疾病叙述中的信息[①]。英语文学为医学贡献的另一工具是反思性写作。郭莉萍认为反思性写作是实践叙事医学的重要方式。通过书写不同于标准医院病历的平行病历，以第一人称和一般性语言记述疾病及诊治过程，使医者理解患者的经历和感受，实现与患者的共情，从而反思自己的临床实践[②]。反思性写作可以运用于米勒和施密特所倡导的医学人文习惯训练。他们认为通过反复三个步骤可以训练并形成医学人文习惯：第一，辨认影响特定医患互动的多种视角；第二，思考这些视角是如何相互冲突的；第三，选择患者视角[③]。

深化医学人文研究有助于理解医学人文面临的困境和威胁，有助于医学人文教育吸纳最新的研究成果，创新课程及教育教学手段。医疗机构、职业团体、医学院校应大力鼓励科研活动，提供科研所需的时间、环境、设备、资金，以资金支持、评优等方式促进科研。以科研促进教学，解决学生遇到的人文主义问题，如临终关怀、与患者的沟通、与同事的关系等。人文主义倡导关爱人、治愈人、教导人，是每个从医人的理性基础。人文关怀的关键原则是代代相传，医疗人员必然参与他人的成长与发展，将人文的火炬传给下一代。因此，医学教育工作者的作用更加凸显，应挺身而出当仁不让，利用专业知识和专业立场来宣扬医学人文价值。从事医学人文科学研究与践行人文主义，需重视榜样的力量，如在新冠疫情中涌现了诸多可歌可泣的英雄事迹，国家以"共和国勋章""人民英雄"等荣誉称号表彰了有突出贡献的医疗人员，激发了他们强烈的职业认同感和荣誉感。

---

① Charon R. The Principles and Practice of Narrative Medicine. New York: Oxford University Press，2017: pp. 164-165.

② 郭莉萍：《什么是叙事医学》，《浙江大学学报（医学版）》，2019 年第 10 期，第 467—473 页。

③ Miller S，Schmidt H. The Habit of Humanism: A Framework for Making Humanistic Care A Reflexive Clinical Skill. Acad Med，1999(74): pp. 800-803.

四、结语

培养人文主义精神，需要呼唤人的回归，培育人的理想、信念、初心、使命等精神，彰显和赞美人性的光辉，尊重人、关爱人，这恰恰是英语文学的功用和长处，也是医学人文教育的重要内容。英语文学富于思想性、创造性、审美性，契合医学人文教育对生命、自由、审美的关注。英语文学课程融入医学人文教育，通过阅读文学经典，有利于医学生和医务人员在面临人生和工作中的两难选择时，遵从人性光明、理性、崇高一面的引领，抵制现代社会对人的异化和物化，在审美的愉悦中达成身心合一、知情意统一的整全的人。文学批评理论的反思性和批判性为医学生和医务人员提供了思维训练的利器，英语文学提供的方法和工具，凭借跨语言、跨文化的优势，有助于医务人员反思自己的临床实践，关照自己和病患的人生体验。医学人文教育离不开文学的浸润与滋养，英语文学课程的融入将促进医学人文的发展和繁荣。

On the Foundation, Significance and Ways of English Literature Courses Integrating into Medical Humanities Education

Abstract: The foundation of the integration of English literature courses into medical humanities education is that the essence, subject and theme of literature are closely related to medicine. The significance of the integration includes: serving the national strategy and promoting the development of related disciplines; improving the humanistic qualities of medical students so as to ease the contradiction between doctors and patients in the future; dispelling the negative emotions of medical staff, so that they can get the strength to move on. There are five ways of integration: to revise the talent training plan and establish the position of English literature in the medical humanities curriculum; to construct a blended teaching model through information technology; to learn from foreign advanced experience and form a medical humanities curriculum with Chinese characteristics from the ideological and political perspective; to employ the methods and tools of English literature to cultivate core medical humanistic qualities and develop medical humanistic habits; to encourage medical humanities research and pay attention to the power of shaping the vision and example of medical humanities.

Key words: English literature courses; medical humanities education; integration

红色文化融入二语教学的有效性测度指标体系构建

——基于德尔菲法和层次分析法[①]

宫　琳

（嘉兴大学平湖师范学院，浙江 平湖 314200）

摘要： 构建一套科学合理的评价指标体系是测量红色文化融入二语教学有效性评价的关键，本文按照"指标体系构建—指标初筛—指标确立—指标赋权"的步骤，系统地开展指标体系的构建与评估。基于理论框架、已有文献构建初步的红色文化融入二语教学的有效性测度指标体系，并初步拟定各项评价指标；运用德尔菲法（修正版）对评价指标进行两轮筛选，形成正式的评价指标；运用层次分析法，确定每个评价指标的相对权重，构建一套完整的红色文化融入二语教学有效性的评价指标体系。研究结果表明，该指标体系不仅可以作为监测和评价红色文化融入二语教学效果的评价工具，还有助于明确红色文化在二语教学中的定位、优化融入内容、完善融入路径。通过有效性评价，推动红色文化融入二语教学的质量发展，充分发挥红色文化在二语教学中引领学习者的思想、提升学习者的专业素养、增强学习者的文化自信等的重要作用。

关键词： 红色文化；二语教学；指标评价体系；德尔菲法；层次分析法

---

① 作者简介：宫琳（1976— ），女，嘉兴大学平湖师范学院日语系讲师，博士。研究方向：二语教学法、课程思政教学、指标体系构建。

基金项目：本文为 2025 年度浙江省教育科学规划项目"GAI 驱动高校二语教学有效性的评价指标体系构建及实践研究"（2025SCG050）、2024 年度浙江省高等教育学会项目"红色文化融入二语教学的有效性测度与实践路径研究"（KT2024361）的阶段性成果。

2021年习近平总书记在《求是》杂志发文指出，要用好红色资源，传承好红色基因。近年来，红色文化作为中国特有的文化资源，在二语教学中的应用受到了广泛关注。红色文化融入二语教学，能丰富不同学科的教学内容，使学科教育呈现多元化特点，也使学科教学活动更富有人文特色[①]；能提升学生对红色文化的认知和认同，有助于高校二语教学改革、提升学生跨文化交际能力[②]。然而，在红色文化不断融入二语教学的同时，也逐渐出现一些问题，如侧重于学生语言知识的掌握，而忽视了对红色文化思政教学和实际应用能力的培养[③]，尤其是红色文化融入二语教学评价体系的方式较为单一陈旧[④]。红色文化对二语教学中学生的学习能力、文化理解、价值观塑造等具有积极的影响，但目前研究缺乏系统的评价框架来准确评价红色文化融入二语教学的效果。因此，如何评价红色文化融入二语教学的有效性，提升二语教学课程思政教学质量，已成为当前红色文化融入二语教学亟须解决的问题。本文尝试系统梳理红色文化融入二语教学的相关文献，设计、开发有效的指标评价体系，以期为我国红色文化融入二语教学的有效性评价提供参考。

一、红色文化融入二语教学的相关研究

（一）红色文化在二语教学中的研究现状

关于二语教学的定义，本文参照朱茜、徐锦芬[⑤]对二语教学的理解，认为二语教学包括第二语言教学与外语教学。红色文化作为中华民族优秀传统文化的重要组成部分，蕴含着丰富的革命精神和厚重的历史文化内涵[⑥]，近年来逐渐受到二语教学界的广泛关注。目前，关于红色文化在二语教学中的研究主要聚焦于以下几个方面。一是红色文化在二语教学中的作用和意义。例如，将红色文化融入外语教学中，丰富学生对红色文化知识的了解，提升学生用英语讲述红色文化的能力，加深学生对红色文化的认知，帮助学生形成良好的道德品质[⑦]；学生在提高语言能力的同时，还能传承和保护红色文

---

① 赵明明：《文化自信视角下红色文化融入高校英语教学研究》，《淮南职业技术学院报》，2020年第5期，第61—62页。

② 滕淼：《高校日语教学中讲好中国故事》，《新华日报》，2023年8月25日，第15版。

③ Guan C, Fu H, Liu Y. A Research to Integrate Baoding Red Culture into College English Teaching. Creative Education, 2021, 12(3): pp.618-624.

④ 杨鸿雁：《遵义红色文化融入高校英语专业课程的研究》，《遵义师范学院学报》，2020年第6期，第116—118页。

⑤ 朱茜，徐锦芬：《协作写作对学习者二语发展影响的实证研究》，《外语教学理论与实践》，2019年第3期，第26—33，98页。

⑥ 郝元：《红色文化融入高职院校大学英语教学研究》，《英语广场》，2024年第3期，第114—117页。

⑦ 付聪聪：《河南红色文化融入高职英语教学的应用研究》，《传播与版权》，2023年第3期，第109—111页。

化，实现对人才的综合素质的培养[1]；还可提升学生用英语阐释和传播红色文化的能力，引导学生树立正确的价值观[2]；增强学生的民族文化自信，有效提升学生的跨文化交际能力[3]。二是红色文化在二语教学中的具体实施策略，教学方法和手段的创新[4]等。三是红色文化在二语教学中的效果评估，即如何通过科学有效的方法来评价红色文化在二语教学中的实际效果[5]。尽管红色文化在二语教学中的应用已取得一定成效，但仍存在一些问题和挑战。比如，如何更好地将红色文化与二语教学内容相结合，使其更加贴近学生的实际需求和兴趣；将红色文化系统化、科学化地融入二语教学过程的评价体系不够完善，如何制定科学合理的评价标准，以全面客观地评估红色文化在外语教学中的效果等，这些问题都需要进一步深入研究和探讨。

（二）课程教学效果有效性测度指标体系构建的研究现状

二语教学评价是二语课程教学的一个重要环节，它不仅是教师收集教学反馈、优化教学策略、确保教学效果的重要途径，同时也是学生调整学习策略、改进学习技巧、提升学习成效的重要依据[6]。关于课程教学效果的有效性测度，国内外学者进行了大量的理论研究与实践探索。Turnbull[7]指出，外语评价应该超越传统的单一语言评估模式，采用更加全面和多元的评估策略，通过这些评价方法，教师可以更准确地了解学习者的语言能力、交际能力和认知发展，从而为他们提供更有效的教学和学习支持。随着教育理念和教学方法的不断发展与创新，仇晓春[8]通过德尔菲法和层次分析法构建外语学习质量评价指标体系，陈宜各[9]在大学英语教学中引入 CIPP 评价模式，这些研究为二语教学效果评价提供了有益借鉴。针对红色文化融入二语教学这一特殊情境下的教学效果，有学者正尝试构建一套既能体现语言习得成果，又能反映红色文化内化和传

① 尹铂淳，贺珊婷：《"大思政"格局下党史学习教育融入大学英语教学的必要性及实现路径》，《长沙大学学报》，2023 年第 6 期，第 103—107 页。

② 邱艳芳：《闽西红色文化融入大学英语课程思政路径探究——以龙岩学院为例》，《龙岩学院学报》，2023 年第 6 期，第 113—118 页。

③ 李芳：《"红船精神"引领下高职公共英语课程思政支架式教学研究》，《湖北成人教育学院学报》，2023 年第 1 期，第 94—99 页。

④ 邱雪：《新课标背景下英语教学中的文化融入》，《中国教育学刊》，2023 年第 1 期，第 94—96 页。

⑤ 徐慧玲：《江西红色文化与大学英语"思政"教学融合路径研究》，《太原城市职业技术学院学报》，2024 年第 4 期，第 137—139 页。

⑥ 朱建新：《认知教学理论视域下的〈英汉口译〉网络教学模式》，《外语电化教学》，2009 年第 5 期，第 60—64 页。

⑦ Turnbull B. Towards New Standards in Foreign Language Assessment: Learning from Bilingual Education. International Journal of Bilingual Education and Bilingualism, 2020, 23(4): pp.488-498.

⑧ 仇晓春：《移动外语学习内涵探析与评价指标框架构建》，《外语界》，2022 年第 1 期，第 73—82 页。

⑨ 陈宜各：《基于 CIPP 的大学英语综合评价体系构建》，《湖南邮电职业技术学院学报》，2024 年第 1 期，第 108—112 页。

承效果的综合评价指标体系。Zhu[1]认为，应探索更合适的评价方法，建立更加立体的评价体系，将红色文化与外语技能测试结合起来，重视实践活动的发展，以加强对红色文化的理解。

综上可见，构建科学合理的红色文化融入二语教学的效果评价体系，是提升二语教学质量、激发学生学习动力的有效途径。科学的评价体系不仅能够对教学效果进行有效评估，还能为二语教学改革提供依据。本文旨在开发一套能够测度红色文化融入二语教学的有效性的评价指标体系，具体步骤包括：首先，在梳理相关文献的基础上，确定评价模型，并基于专业教师的访谈结果，设计出评价指标体系的预案。其次，根据对高校教师在二语教学中融入红色文化实践的教学观察，以及运用德尔菲法的调查结果，对评估指标进行筛选，并构建具有可操作性的评估指标体系。最后，运用层次分析法确定评估指标的权重，形成完整的红色文化融入二语教学的有效性测度指标体系。

二、红色文化融入二语教学有效性评价的理论基础

（一）红色文化融入二语教学有效性评价的常用评价模型

在二语教学的有效性评价领域，由于评价的具体目的、可用资源、教学环境以及教学内容的差异，研究者提出了不同的评价模型，其中有代表性的包括柯克帕特里克的反应－学习－行为－结果（reaction-learning-behavior-results，RLBR）模型，也被称为柯氏模型；德明的计划－执行－检查－行动（plan-do-check-act，PDCA）循环，也被称为德明环（deming cycle）；斯塔弗尔比姆[2]的背景－投入－过程－成果（context-input-process-product，CIPP）评价模型等。其中 CIPP 评价模型强调对项目实施过程和效果的综合评价[3]，已被成功引入二语教学评价领域。目前该模型已被黄凌云[4]等学者用于大学英语课程思政教学的效果评价中，并通过实证研究验证了其在二语教学评价中的有效性和适用性。可见，该模型为红色文化融入二语教学的有效性测度提供了一个全面系统的分析框架。

---

① Zhu X. Research on the Path of Red Culture in the Implementation of English Translation Teaching in Universities. Advances in Educational Technology and Psychology, 2023, 7(5): pp.28-32.

② Stufflebeam D L. CIPP Evaluation Model Checklist: A Tool for Applying the Fifth Installment of the CIPP Model to Assess Long-Term Enterprises. Western Michigan University, 2007: pp.1-16.

③ Stufflebeam D L. The CIPP Model for Evaluation. In Evaluation Models: Viewpoints on Educational and Human Services Evaluation. Dordrecht: Springer Netherlands, 2000: pp.279-317.

④ 黄凌云：《基于 CIPP 模型：大学英语课程思政成效评价研究》，《教育学术月刊》，2022 年第 2 期，第 57—63 页。

（二）跨文化交际理论

外语专业注重对学生的跨文化交际能力的培养。教育部《普通高等学校本科日语专业教学指南》（2020 年版）指出，"跨文化交际能力"能"通过语言学习认识世界的多样性，并以开放的态度对待多元文化现象"。在二语教学领域，Byram[1] 提出的跨文化交际能力模型具有深远的影响。该模型将跨文化交际能力分为 5 个核心要素：知识、阐释 / 关联技能、发现 / 互动技能、态度、批判性文化意识。红色文化融入二语教学的过程中，也应在多个环节体现跨文化交际能力要素，并对其开展有效的评价。评价聚焦于红色文化融入的背景、教学资源的投入、教学过程的实施以及教学效果。对红色文化融入二语教学各环节的细致评价，不仅可以直观反映红色文化在二语教学中的融合程度，还能进一步提升二语教学的文化内涵与教育价值，推动红色文化在二语教学中的深入传承与创新发展。

三、研究方法

本文采用的资料收集和分析方法主要是德尔菲法和层次分析法。

（一）德尔菲法

德尔菲法是一种系统化的方法，它通过精心设计的问卷收集专家对于某一特定主题的判断和意见，辅以对前一轮回答做出总结和意见反馈[2]，以指导后续轮次的讨论和回答。本文采用的德尔菲法是指修正版的德尔菲法，当可以获得研究主题的信息时，修正版的德尔菲法与传统德尔菲法的主要区别在于第一轮问卷的设计和实施方面。在修正版中，第一轮不是通过开放性问卷收集专家意见，而常是通过大量的文献梳理形成结构化问卷[3]。这一修正不仅可以提高问卷设计的针对性，还能降低专家回答过程中的认知负担、促进评价指标共识的形成。本文使用修正版的德尔菲法，先通过文献分析初步界定红色文化融入二语教学的评价指标，之后通过半结构化访谈收集域内专家的判断与意见，再利用编码的方法提炼专家的观点，进而获得红色文化融入二语教学有效性评价指标的共识。在德尔菲法实施阶段，本文采用自编问卷，开展两轮问卷调查，对收集到的数据通过 SPSS 26.0 软件进行均值、标准差及信效度分析，以确定各项

① Byram M. Teaching and Assessing Intercultural Communicative Competence. New York: Multilingual Matters, 1997: pp.31-54.

② Delbecq A L, Van de Ven A H, Gustafson D H. Group Techniques for Program Planning: A guide to Nominal Group and Delphi Processes. Group and Organization Management, 1976,1(2): p.256.

③ Lerner J, Roberts G J, Green K, et al. Prioritizing Competencies for Beginning Teachers in High—Poverty Schools: A Delphi Study. Educational Research: Theory and Practice, 2021, 32(2): pp. 17-46.

评价指标的适用性和可行性。

（二）层次分析法

层次分析法是一种决策支持方法，这种方法主要用于处理复杂的决策问题，它通过将决策问题分解为更小的部分（即层次结构），然后对这些部分进行两两比较，以确定它们之间的相对重要性，是目前人文社科常用的指标赋权方法。层次分析法确定各个指标在评价体系中的权重。本论文主要使用层次分析法对我国关于红色文化融入二语教学的有效性测度指标进行赋权。采用层次分析法能确保指标权重分配的科学性和有效性。在评估指标的权重确定阶段，本文仍采用自编问卷作为研究工具，对于回收的调查问卷，采用 SPSSAU 18.0 软件，并结合几何平均数法、和积法等数学方法构建红色文化融入二语教学有效性评价指标体系的判断矩阵，并计算权重值。此外，为确保评价结果的可靠性和有效性，需对所构建的判断矩阵进行一致性检验。

四、基于跨文化交际理论的红色文化融入外语教学有效性测度指标体系构建

（一）红色文化融入二语教学有效性测度指标体系初步拟定

参照 CIPP 评价模型以及跨文化交际理论提出的"尊重差异""文化适应""有效沟通"等原则，首先，通过 CNKI 和 WOS 数据库对相关文献进行整理、归纳，提取红色文化融入二语教学的有效性构成要素。其次，基于文献整理的结果，于 2024 年 8 月 28 日至 9 月 4 日拟定半结构化访谈提纲，实施专家访谈，用以获取访谈对象对红色文化融入二语教学这个主题所持的观点、态度、感受及需求等信息。进一步了解红色文化融入二语教学的效果。访谈对象是从事二语教学的教师、研究者、红色文化传播数据库的管理者。访谈内容主要围绕对红色文化融入二语教学指标体系草案的评价和建议，当前红色文化融入二语教学面临的问题及其成因展开。研究初步拟定出红色文化融入二语教学的评价指标体系，共包含 4 个维度和 11 个一级指标、25 个二级指标。其中，测度指标体系中的 4 个维度包括：背景维度，指特定环境中的（评价/评价对象的）需求和问题，以及红色文化融入二语教学的教学目标设定；投入维度，指红色文化融入二语教学要实现教学目标所需具备的师资、教学资源等；过程维度，指将投入资源有效转化为成果所采取的活动，主要包括教学策略的调整与优化、课堂管理中教学活动的设计与执行等；效果维度，指教学目标的达成情况、教学质量，主要包括红色文化融入二语教学的教学效果以及对学习者的影响等。一级指标包括教学环境、教学目标、教学资源、教师素养、教学经费、教学策略、课堂管理、课堂监控、教学反馈、学习

效果、教学效果共 11 个项目。为了方便开展测量，又将一级指标细化形成了教育政策等 25 个二级指标，最终形成红色文化融入二语教学有效性测度指标体系（初定），并向专家进行意见咨询（见表 1）。

表 1　红色文化融入二语教学的有效性测度指标体系（初定）

评价维度	一级指标	二级指标	主要评价内容	参考源
背景维度	教学环境	教育政策	国家及地方教育部门出台的红色文化的方针政策，有利于二语教学中构建红色文化育人长效机制	Stufflebeam[1]
	教学目标	明确性	知识传授、技能提升、情感态度培养，价值观塑造等	
		内容相关性	红色文化内容要与二语课程内容、学生的学习需求等相关联	
投入维度	教学资源	教学媒体资源	红色文化音视频、数字化教学资源等为二语教学提供了丰富的教学素材	Stufflebeam[1]、Erdogan et al.[2]、Lerner et al.[3]
		教学资料	红色文化内容能有效传达红色文化的精髓，且与二语课程教学内容相匹配	
		二语课程用主教材	能够有效帮助学生理解和体验不同国家的文化，提高其二语水平	
	教师素养	教师专业品质	教师对学科知识、二语教学法、教学理论等的较好掌握；热爱教育事业、尊重学生，能采用恰当的教学方式将红色文化融入二语教学	
		教学经验	教师在教学方法、课程设计、技术应用等方面的经验，能让融入红色文化的二语课堂更为生动和感人，有助于学生更好地传承红色基因	
	教学经费	师资培训	师资培训、学术会议等专项经费投入，旨在提升二语教师的教学技能、知识水平以及对红色文化内容的理解，这将有力促进教学质量与育人效果的提升	
		教学改革研究费	用以推动红色文化在二语教学中的有效融入和传播，进而强化学生对红色文化的价值认知，提升育人效果	
过程维度	教学策略	教学技术应用	教师利用多媒体、数字化教学平台等技术手段能增强红色文化教学效果	Stufflebeam[1]、Aziz et al.[4]、Erdogan et al.[3]
		教学内容选择	红色文化资料中体现核心价值观、爱国精神及传统习俗礼仪等内容有利于培养学生的文化认同和爱国情怀	
		教学方法运用	教师在红色文化融入二语教学的教学实践中，运用一定的教学方法（如任务型教学法等）能达到预期的教学效果	
	课堂管理	教学环境营造	教师在红色文化融入二语教学中，在时间管理、学生分组、互动方式等安排合理，能确保课堂教学的顺利开展	

[1] Stufflebeam D L. The CIPP Model for Evaluation. In Evaluation Models: Viewpoints on Educational and Human Services Evaluation. Dordrecht: Springer Netherlands, 2000: pp.279-317.

[2] Erdogan G, Mede E. Evaluating an English Preparatory Program Using CIPP Model and Exploring the Motivational Beliefs for Learning. Journal of Education and Educational Development, 2021, 8(1): pp.53-76.

[3] Lerner J, Roberts G J, Green K, et al. Prioritizing Competencies for Beginning Teachers in High—Poverty Schools: A Delphi Study. Educational Research: Theory and Practice, 2021, 32(2): pp.17-46.

[4] Aziz S, Mahmood M, Rehman Z. Implementation of CIPP Model for Quality Evaluation at School Level: a Case Study. Journal of Education and Educational Development, 2018, 5(1): pp.189-206.

（续表）

评价维度	一级指标	二级指标	主要评价内容	参考源
过程维度	课堂监控	教学进度检测	教师持续观察二语课堂教学过程，以了解教学内容等是否按预定计划进行	Stufflebeam、Aziz et al.、Erdogan et al.
	教学反馈	学生反馈	学生对红色文化教学内容的兴趣程度，对教学方法、教学内容的接受程度	
		教师反馈	教师对红色文化教学资源的开发利用情况，教学方法的创新程度，教学效果的达成以及测量红色文化融入二语教学效果的工具和方法的合理性和适用性等	
效果维度	学习效果	语言知识	学生在语音、词汇、语法等方面的提升，了解本国和他国的文化知识	Aziz et al.[1]、Byram[2]
		语言技能	学生听说读写技能提高，能理解、评价文化差异，并能有效协调、处理文化差异	
		文化理解	学生通过对不同文化的比较，能理解不同文化背景下的人们的行为和思维模式	
		自我效能感	学生能认识到红色文化在二语学习中的重要价值，并且自信心增强，语言学习、文化理解等能力明显提高	
	教学效果	价值观塑造	学生能认同红色文化的核心内涵，内化红色文化所倡导的价值观，并自觉践行于二语学习中	
		批判性文化意识	通过多元文化体验和互动性强的教学活动，学生对文化差异进行合理的分析和判断，并能反思自身文化观念的局限	
		文化认同	学生能接受红色文化中蕴含的道德观念、信仰，能包容文化差异并愿意传承红色文化	
		跨文化交流意识	学生能站在不同文化背景的个体角度思考问题，并能增进相互理解和信任	

（二）基于德尔菲法的红色文化融入二语教学有效性测度指标体系的确定

1. 德尔菲法操作流程

（1）专家遴选

为确保评价指标的科学实用性，通过函询的方式邀请了 20 位从事红色文化融入二语教学的专家，这一数字超过了阈值要求的 10—15 位[3] 对指标维度及具体指标项提出指导意见。专家遴选标准：①拥有外国语言学及应用语言学、外国语言文学或外语教学理论与实践等相关专业的博士学位；②拥有 5 年以上的教学工作经验；③在外国语学院教授外语类科目；④愿意成为专家组成员。项目组通过电话、电子邮件联系了上

---

[1] Aziz S, Mahmood M, Rehman Z. Implementation of CIPP Model for Quality Evaluation at School Level: a Case Study. Journal of Education and Educational Development, 2018, 5(1): pp.189-206.

[2] Byram M. Teaching and Assessing Intercultural Communicative Competence. New York: Multilingual matters, 1997: pp.31-54.

[3] 张万朋，柯乐乐：《基于德尔菲法和层次分析法的研究生学习成果评价研究——以教育经济与管理专业为例》，《现代大学教育》，2018 年第 1 期，第 93—99，112 页。

述专家，确认他们参与这项研究。参照 Cochran[①] 的做法，电子邮件包括研究目的、研究主题、德尔菲法的相关信息、所需时间等细节。参与专家的性别、专业、教学经验、职称各不相同（呈多样性）。具体包括：男性专家 8 名，女性专家 12 名；专家主要从事二语教育教学（英语，日语等）；教授（$n=3$），副教授（$n=11$），讲师（$n=6$）。其教学经验多在 15—25 年间，年龄在 33—57 岁间。

（2）专家意见的可靠性

专家意见的可靠性，通过专家积极性、专家权威性、专家意见集中度与协调度进行测量[②]，其中专家权威性参照张义、钟志贤[③] 的标准。具体的量化值如表 2 所示。

表 2　专家熟悉程度及判断依据量化值

熟悉程度系数（C_s）		判断系数（C_a）			
分类	量化值	分类	量化值		
			大	中	小
很熟悉	1	理论分析（C_{a1}）	0.3	0.2	0.1
熟悉	0.8	实践经验（C_{a2}）	0.5	0.4	0.3
一般熟悉	0.2	同行或文献了解（C_{a3}）	0.1	0.1	0.05
不太熟悉	0.1	个人直觉（C_{a4}）	0.1	0.1	0.05
不熟悉	0	合计	1	0.8	0.5

（3）德尔菲法专家意见征询与指标体系优化

在评估指标的筛选环节，按照修正版德尔菲法的要求做了两轮问卷调查。第一轮调查内容为指标的必要性与完整性。本文根据初步拟定的评价指标，设计出"红色文化融入二语教学有效性测度指标专家咨询意见（首轮）"用以收集专家对每一个评价指标的观点，以此作为指标评判的依据。问卷包括 4 部分：人口统计学信息、指标要素的评价及修改建议、专家基本信息、专家对指标的评分依据。问卷采用李克特五级量表（1="非常不符合"，5="非常符合"）来衡量域内专家的观点，依次计为 1—5 分。为确保问卷结果的稳定性，本研究利用 SPSS 26.0 软件检验了问卷的信度。

第二轮调查问卷包含专家对前一轮的评分以及其他新问题或陈述的清单。调查内容主要是指标的权重评估和优先级排序，在此基础上，本文根据德尔菲法的调查结果确定红色文化融入二语教学的有效性评价指标体系。

---

① Cochran S W. The Delphi method: Formulating and Refining Group Judgements. Journal of Human Sciences, 1983, 2(2): pp.111-117.

② 霍力岩，孙蔷蔷，等：《中国高质量学前教育指标体系建构研究》，《华东师范大学学报（教育科学版）》，2022 年第 1 期，第 1—18 页。

③ 张义，钟志贤：《面向教育数字化转型的教师设计思维素养：评价指标与提升策略》，《中国电化教育》，2024 年第 12 期，第 48—56 页。

2. 测评指标体系的修正

（1）第一轮专家函询意见的统计与分析

①专家积极性

专家积极性一般用问卷回收率表示。首轮专家函询问卷发放、回收有效问卷20份，问卷有效回收率为100%，并且在首轮函询过程中，有10名专家（50%）对指标提出了建设性的修改建议，这表明函询专家的积极性较高。

②专家权威性

专家权威系数（Cr）是指专家对评价问题的判断依据和熟悉程度[①]。计算公式为 $C_r=(C_a+C_s)/2$，其中 C_a 是指判断依据系数、C_s 是指熟悉程度系数。结果显示，专家的权威系数均值为 0.72（＞ 0.7 的阈值标准）。这表明专家组的权威程度较高。

③专家意见集中度与协调度

专家意见集中度多用众数、均值、标准差等来表示。各维度、指标的众数、均值都 ≥ 4，标准差均小于 1，这表明专家意见比较集中（见表3）。

表3 首轮调查问卷各指标得分均值和标准差分析（N=20）

维度指标	众数	均值	标准差	变异系数	一级指标	众数	均值	标准差	变异系数
背景维度	5	4.65	0.489	0.1052	教学环境	5	4.65	0.587	0.1262
					教学目标	5	4.55	0.605	0.1330
投入维度	4	4.45	0.510	0.1146	教学资源	5	4.60	0.503	0.1093
					教师素养	5	4.70	0.470	0.1000
					教学经费	5	4.80	0.410	0.0854
过程维度	5	4.80	0.410	0.0854	教学策略	5	4.65	0.410	0.0855
					课堂管理	4	4.25	0.639	0.1503
					课堂监控	4	4.00	0.795	0.1988
					教学反馈	4	4.45	0.510	0.1146
效果维度	5	4.85	0.489	0.1008	学习效果	5	4.70	0.571	0.1215
					教学效果	5	4.80	0.410	0.0854

专家意见协调度是指参与咨询的专家对指标是否存在分歧[②]，常用变异系数 CV 和肯德尔系数 W 表示。由表3可知，首轮专家函询后，各评价维度的变异系数介于 0.0854 至 0.1146 之间，一级指标的变异系数范围则为 0.0854—0.1988[③]。一、二级指标的肯德尔协调系数分别为 0.305、0.214（p ＜ 0.001），这表明专家对指标评价的一致性不太高，尤其是二级指标，需进一步修订和完善。

① 吴开松，王昱：《城市民族事务互联网＋政务服务评价体系研究》，《中南民族大学学报（人文社会科学版）》，2019 年第 1 期，第 15—22 页。
② 李成玥，曲虹：《全视角学习理论下小学生能动学习测评指标体系的构建》，《中国考试》，2022 年第 11 期，第 77—85 页。
③ 孙颖，杜媛，等：《融合教育背景下巡回指导教师专业素养建构研究》，《中国特殊教育》，2022 年第 6 期，第 33—42 页。

④问卷信度

近年来，学者们对评分者内部一致性信度和评分一致性进行了区分。基于此，本文在采用肯德尔系数方法的基础上，为进一步确保问卷的信度和一致性，还对问卷进行了克隆巴赫 α 系数检验。检验结果显示问卷整体克隆巴赫 α 系数为 0.724（＞ 0.7），表明问卷整体及内部具有良好的信度。

⑤测评指标修改情况

筛选指标过程中，主要参照问卷调查结果、专家的反馈意见。本文参照 Kloser[①] 的评价标准，在首轮专家函询中，各指标应满足 3 个条件：众数 ≥ 4，均值 ≥ 3.5，标准差 ＜ 1。通常变异系数的评价标准 ＜ 0.2。再根据专家反馈的意见，本文在以下方面对评估指标体系进行了修订：一是因背景维度下的"教学目标"体现在教学实践中的每一个环节，予以删除；二级指标，主要删除了内容重复（如教学媒体资源、二语课程用主教材、文化认同、文化理解、批判性文化意识等）、相关性低的指标（如语言知识、教学经验等）。删除指标后，问卷的肯德尔系数由 0.214 增为 0.314，信度系数也增为 0.845。

由上可见，在首轮关于红色文化融入二语教学有效性的测度指标体系的调查中，通过修改个别指标，所列的指标均通过检验，可作为评价指标继续使用。

（2）第二轮专家函询意见的统计与分析

第二轮专家函询问卷主要根据第一轮专家函询意见的结果进行适当的删减、调整而成。将修订部分的问卷再次发给首轮的专家，第二轮问卷共发放 20 份，回收 20 份，回收有效率为 100%。专家权威系数介于 0.75—0.85 之间，权威系数较首轮有明显上升。第二轮专家函询结果显示，专家对修订后的各层级指标意见相对比较统一，且未提出具体的修改建议。

根据两轮专家函询结果、结合专家意见以及对问卷的信效度检验，最终确立红色文化融入二语教学有效性测度指标体系。包括背景、投入、过程、效果 4 个维度，教学环境、教学资源、教师素养、教学经费、教学策略、课堂管理、课堂监控、教学反馈、学习效果、教学效果共 10 个一级指标，以及教育政策、教育资料、教师专业品质、师资培训、教学内容选择、教学技术应用、教学环境营造、教学进度监测、学生反馈、教师反馈、语言技能、自我效能感、价值观塑造、跨文化交流意识共 14 个二级指标。第二轮专家函询意见说明专家对指标体系较为认可，参考相关研究的标准，本文对红色文化融入二语教学有效性测度指标体系不再做进一步的调整。

---

① Kloser M. Identifying a Core Set of Science Teaching Practices: A Delphi Expert Panel Approach. Journal of Research in Science Teaching, 2014, 51(9): pp.1185-1217.

（三）红色文化融入二语教学有效性测度指标的权重分配

在确定指标权重方面，学术界一般根据指标的特征和属性确定权重的计算方法。二语领域常用的评价二语教学质量的方法包括层次分析法[①]、熵权法[②]等。层次分析法的优点是将复杂的决策系统层次化，得出各层次、各要素间的权重或优先级[③]。本文采用层次分析法进行指标权重的分配，具体步骤如下：

第一，构建层次结构模型，确立指标和层次结构。结合已确定的评价指标，本文构建了包含 3 个层级的结构模型。第一层为规划层，旨在确定红色文化融入二语教学过程中背景、投入、过程和效果维度的测度指标及其权重；第二层是实施层，主要包括教学环境、教学资源、教师素养、教学经费、教学策略、课堂管理、课堂监控、教学反馈、学习效果、教学效果共 10 个一级指标；第三层是评价层，共包括教育政策、教师专业品质等 14 个二级指标。

第二，构建两两比较的判断矩阵。参照 Saaty[④] 提出的 1—9 标度法，本研究设计了"红色文化融入二语教学有效性测度指标" AHP 专家函询问卷。问卷的调查对象选定为参与本研究初期的德尔菲法调研并提出过建设性意见的 10 位领域专家。共回收有效问卷 10 份，旨在分析领域内专家对红色文化融入二语教学过程中各层级测量指标重要性的评分。

第三，进行判断矩阵的一致性检验。AHP 中一般用一致性指标 CI 和一致性比率 CR 的值（< 0.1 的阈值标准）来评估判断矩阵的一致性。本文首先计算判断矩阵的最大特征根 λ_{max}，基于此计算一致性指标 $CI=(\lambda_{max}-n)/(n-1)$，查表找到随机一致性指标 RI。计算检验系数 $CR=CI/RI$。通过一致性检验后，再根据最大特征根求解判断矩阵的特征向量。

第四，计算测度指标权重。本文采用几何平均数法，对回收的专家函询数据进行综合汇总，从而生成涵盖所有专家的综合判断矩阵。基于该判断矩阵实施一致性检验，旨在验证专家群体意见的一致程度。通过和积法，分别计算出各层级指标的权重。基于此，研究最终得出红色文化融入二语教学有效性测度指标体系（见表 4）。

① 杨舒琳，李瑞：《数字化时代大学英语课堂教学质量评估模型构建研究》，《西安外国语大学学报》，2021 年第 4 期，第 78—81 页。

② 张岳珺：《基于熵权法的计算机辅助语言测试效度评价》，《吉林大学学报（信息科学版）》，2023 年第 2 期，第 374—380 页。

③ 王璐瑶，周雨卉，等：《基于层次分析法的博物馆文创设计研究》，《包装工程》，2022 年第 18 期，第 320—326 页。

④ Saaty R W. The Analytic Hierarchy Process—What It is and How It is Used. Mathematical Modelling, 1987, 9(3-5): pp.161-176.

表4　红色文化融入二语教学有效性的测度指标体系（含权重）

评价维度	评价维度全局权重	一级指标	一级指标局部权重	一级指标全局权重	二级指标权重	二级指标局部权重	二级指标全局权重
背景维度	0.0544	教学环境	1.0000	0.0544	教育政策	1.0000	0.0544
投入维度	0.1159	教学资源	0.1904	0.0221	教育资料	1.0000	0.0221
		教师素养	0.7189	0.0833	教师专业品质	1.0000	0.0833
		教学经费	0.0907	0.0105	师资培训	1.0000	0.0105
过程维度	0.5739	教学策略	0.5665	0.3251	教学内容选择	0.8449	0.2747
					教学技术应用	0.1551	0.0504
		课堂管理	0.1052	0.0604	教学环境营造	1.0000	0.0604
		课堂监控	0.0948	0.0544	教学进度监测	1.0000	0.0544
		教学反馈	0.2335	0.1340	学生反馈	0.8281	0.1110
					教师反馈	0.1719	0.0230
效果维度	0.2558	学习效果	0.6177	0.1580	语言技能	0.1996	0.0315
					自我效能感	0.8004	0.1265
		教学效果	0.3823	0.0978	价值观塑造	0.7626	0.0746
					跨文化交流意识	0.2374	0.0232

五、研究结论与应用建议

本研究以红色文化融入二语教学有效性作为研究对象，基于跨文化交际理论以及外语教学质量评价中常用的 CIPP 评价理论模型，充分运用问卷、德尔菲法以及层次分析法，通过构建概念化模型、筛选初始指标、指标确立、指标赋权 4 个主要步骤，最终构建了包含 4 个维度、10 个一级指标和 14 个二级指标的红色文化融入二语教学有效性测度指标体系。由表 4 可知，该指标体系的典型特征有以下两点：第一，评价指标的结构较为全面，涵盖多个关键维度；第二，评价重点明确，突出了特定的核心指标。在背景维度、投入维度、过程维度、效果维度 4 个维度中，过程维度评价指标权重最大，其次分别是效果维度、投入维度、背景维度。这与斯塔弗尔比姆所强调的 CIPP 模式注重项目实施过程与效果的综合评价的观点相契合。一级指标体系中，投入维度中的教师素养、过程维度中的教学策略、效果维度中的学习效果指标权重最高。具体而言，教师素养反映了教师在红色文化融入教学中的专业能力和态度；教学策略关注如何有效选取教学内容，实施红色文化融入的教学活动；学习效果则衡量学生在红色文化融入二语教学中的实际收获。二级指标中的教学内容选择、自我效能感以及学生反馈的权重显著较高，这些二级指标分别从课程设计、学生的主观体验及其对教学活动的反应等方面提供了深入的评价视角。

基于研究所得的红色文化融入二语教学的测度指标体系，结合我国红色文化融入二语教学的现状，为进一步推动红色文化融入二语教学的质量，本研究提出如下建议：

第一，加强评价体系建设，提高评价的科学性和实用性。针对目前红色文化融入二语教学的现状，建议明确评价目标，细化评价标准，设计多元化评价工具，构建多层次评价主体参与机制，采取形成性与终结性评价相结合的方法，提出针对性改进建议等。为保证教学效果评价的客观性，可以通过外部评审的形式，引入领域内专家或学术机构对红色文化融入二语教学的有效性进行客观测评和反馈。

第二，有效利用评价结果，实现评教结合、以评促教。构建红色文化融入二语教学有效性测度指标体系的目的之一是查找教学设计和实施过程中存在的不足，并通过教学反馈与教学策略来推动教学内容及方式的持续改进。结合研究开发的评价指标体系，在报告红色文化融入二语教学有效性测度结果的同时，应为其提供具体的、针对性强的可操作建议。另外，对于评价过程中发现的优秀教学案例、学习者积极反应等经典事例，要做好案例的收集、分析和推广，从而带动红色文化融入二语教学的实践创新与深度发展。

第三，积极培育学习者的红色文化意识，开发多元化的教学资源和方法，增强学习者对红色文化的深层理解能力。针对测度指标体系开发过程中发现的教材中的红色文化元素占比较低等问题，建议在红色文化融入二语教学的具体教学实践中，鼓励教师研发一批满足学习者需求的与红色文化相关的二语教材和教辅资料、建设高水平红色文化主题的教学案例库，并以此带动学习者参与度、文化认同感、教学效果等系列指标的提高。

第四，重视教师专业素养的提升与优化，使其在二语教学过程中能有效融入红色文化。在测度指标开发过程中，本研究发现教师的专业素养是决定评价指标内容的重要影响因素之一。基于此，教师在教学中除了要根据教学目标完成教学任务外，还应不断提升教学素养，丰富教学内容，优化教学方法，改进教育理念，使红色文化能更好地融入二语教学中，不断满足学习者的需求，培养学习者对我国红色文化的热爱，增进情感上的认同和尊重。同时，促进学习者对目标语言文化背景的深入理解，进而增强其跨文化交际能力和文化适应性。

本研究由于访谈专家的地域限制，测度指标可能难以全面反映国内红色文化融入二语教学的整体趋势。今后要扩大专家所属的地域范围，增加访谈专家的数量，以期为我国红色文化融入二语教学测度指标体系的构建提供经验借鉴。

Construction of an Evaluation Indicators System for the Effectiveness of Integrating Red Culture into Second Language Instruction: Based on the Delphi Method and the Analytic Hierarchy Process

Abstract: Establishing a scientifically sound evaluation indicator system is crucial for assessing the effectiveness of integrating red culture into second language teaching. This paper follows the steps of "constructing the indicator system—initial screening of indicators—establishment of indicators—weight assignment", systematically carry out the construction and assessment of the index system. Based on the theoretical framework and existing literature, we construct a preliminary evaluation indicator system for measuring the integration of red culture into second languageteaching. Employs the Delphi method（revised version）to conduct two rounds of screening for the evaluation indicators, forming the official evaluation indicators. Applies the Analytic Hierarchy Process to determine the relative weights of each evaluation indicator, thus constructing a complete set of evaluation indicators for the effectiveness of integrating red culture into second language teaching. The research findings indicate that this index system can not only serve as an evaluation tool for monitoring and assessing the effectiveness of integrating red culture into second language teaching but also help clarify the positioning of red culture in second language teaching, optimize the integration content, and improve the integration pathways. Through validity evaluation, it promotes the quality development of integrating red culture into second language teaching and fully leverages the significant role of red culture in guiding learners' thoughts, enhancing professional literacy, and strengthening cultural confidence in second language teaching.

Key words: red culture; second language teaching; evaluation indicators system; Delphi method; Analytic Hierarchy Process

外语课程思政与育人模式

"理解当代中国"系列教材之《英语演讲教程》的特点分析及分层教学策略研究①

张 宇 田 源

（燕山大学外国语学院，河北 秦皇岛 066004）

摘要：本文以"理解当代中国"系列教材之《英语演讲教程》为例，以扎根理论为框架，从主题内容和演讲技能教学两方面系统分析该教材的特点。研究发现，教材通过章节设计的系统性、时政文献的权威性及中国特色主题的融入，构建了从知识输入到实践输出的完整教学路径，旨在提升学生的国际传播与跨文化交际能力。针对教材的专门性与高标准特点，本文提出分层使用策略，以适配不同层次学生的需求，为新时代外语教育改革提供实践参考。

关键词："理解当代中国"；英语演讲教程；分层教学

一、引言

随着全球化的加速和中国国际地位的显著提升，中国在国际舞台上的话语权和影响力日益增强。在此背景下，外语教育不仅是语言技能的传授，而且是培养具有国际视野、跨文化交际能力和家国情怀的高素质外语人才的重要途径。"理解当代中国"系

① **作者简介**：张宇（1979—　），男，燕山大学外国语学院副教授，博士。研究方向：认知语言学、应用语言学。田源（2001—　），女，硕士研究生。研究方向：认知语言学、应用语言学。

基金项目：本文是 2023—2024 年度河北省高等教育教学改革研究与实践项目"新文科背景下'理解当代中国'课程供给模式探索与实践"（2023GJJG087）的阶段性成果。

列教材的开发，正是为了满足新时代对外语人才的高要求，填补传统外语教育在讲述中国故事、传播中国文化方面的不足。该系列教材以《习近平谈治国理政》等权威文献为基础，涵盖政治、经济、文化等多个领域，旨在通过系统的课程设计，帮助学生全面了解当代中国的发展成就和治国理念，提升其国际传播能力和跨文化交际能力。这一教材不仅是中国外语教育领域的一次创新实践，也为培养具有国际视野和家国情怀的复合型外语人才提供了重要资源。

近年来，有关"理解当代中国"系列教材的研究逐渐增多。一方面，该教材为学生国际传播能力的培养提供了研究抓手，如王丹纹[1]研究探讨了该教材在国际传播能力培养中的作用，分析了教材内容与学生实际需求之间的契合度；还有研究指出，教材中丰富的文化对比内容有助于学生构建全球视野和文化包容心态[2,3]。另一方面，该教材也为课程思政教学与任务式教学情境的结合提供了样板[4]。

"理解当代中国"系列教材内容丰富，涵盖多个领域的专业知识，语言表达较为正式，具有一定的难度。其内容不仅涉及中国的治国理念和实践，还包含丰富的时政术语和专业词汇，对学生的语言能力和背景知识提出了较高要求。然而，不同层次的英语专业学生在语言基础、跨文化交际能力和思辨能力方面存在显著差异。因此，针对学生特点，开发配套资源、探索多样化的使用方式，对于提升教材的教学效果、满足不同层次学生的需求具有重要意义。这不仅有助于学生更好地理解和运用教材内容，还能有效提升其综合能力，为培养高素质外语人才提供有力支持。在这一背景下，教材的"二次开发"逐渐成为该教材研究的重要话题[5]。基于这一认识，本研究以《英语演讲教程》为例，系统分析"理解当代中国"系列教材的特点，在此基础上探索教材的使用策略，以期为新时代外语教育改革提供有益的参考和实践指导。

二、研究设计

本研究聚焦于"理解当代中国"系列教材中的《英语演讲教程》，该教材共包含

---

① 王丹纹：《国际传播能力培养下"理解当代中国"英语演讲教程的评估研究》，西安外国语大学硕士论文，2024。

② 孙吉胜，石毅：《"理解当代中国"系列教材使用与高素质外语人才培养》，《外语教育研究前沿》，2023 年第 3 期，第 23—28 页。

③ 刘宏：《以国家话语培养国家意识的外语教育实践探索：基于"理解当代中国"多语种系列教材的分析》，《外语与外语教学》，2023 年第 6 期，第 1—8 页。

④ 牟科林：《OBE 理论视域下课程思政教学建设策略探究：以〈理解当代中国——英语演讲教程〉为例》，《英语广场》，2024 年第 8 期，第 115—118 页。

⑤ 程维：《〈理解当代中国·汉英翻译教程〉的"二次开发"——原则与实践》，《外语教育研究前沿》，2023 年第 3 期，第 29—34 页。

十个单元，每个单元围绕一个主题展开，主课文内容选自《习近平谈治国理政》第一、二、三卷。教材将习近平新时代中国特色社会主义思想的学习与演讲能力的训练相结合，旨在通过演讲课程提升学生的语言能力、思辨能力以及跨文化交际能力，同时培养学生的国际传播能力和家国情怀。教材内容涵盖"中国梦""社会主义核心价值观""文化自信"等重要主题，为学生提供了丰富的学习素材和实践机会。

本研究采用扎根理论（Grounded Theory）作为理论框架。扎根理论强调从原始资料中提炼理论，注重理论与数据的紧密关联，通过系统化的数据分析，逐步构建对研究对象的深入理解。扎根理论的核心在于从资料中提取本土概念，并通过逐级编码形成对资料的阐释模型。这种方法适用于探索性研究，能够帮助研究者从复杂的数据中发现规律和模式，从而构建出具有实践意义的理论框架。

三、教材结构概览

《英语演讲教程》全书共包含十个单元，每个单元围绕一个特定主题展开。每个单元均分为"导语""学习目标""课前准备""热身练习""理解当代中国""理解公共演讲""传播中国声音"和"语言库"八个部分，实现了从引导学习、知识输入、技能训练到任务输出与考核的完整教学过程。

该教材通过"导语"和"学习目标"实现引导作用，学生能够快速了解本章节的学习重点和方向，明确学习目标，为后续学习做好准备。通过"课前准备"和"热身练习"实现知识准备的目的，帮助学生搜集和准备必要的背景知识，进一步熟悉主题内容，为深入学习奠定基础。通过"理解当代中国"和"理解公共演讲"部分完成知识的输入与技能训练，学生能够系统学习与主题相关的中国治国理念和演讲技能，提升思政素养和语言能力。通过"传播中国声音"部分实现任务输出与考核，并通过"语言库"为学生的任务输出提供语言支持，帮助学生丰富词汇量，提升语言表达能力。

四、教材内容

基于上述分析，可以看出"主题内容教学"和"演讲技能教学"是该教材设定的主要教学内容。因此，本研究将从以下两个方面梳理资料。

（一）主题内容教学的特点

1. 系统性特点

《英语演讲教程》在主题内容教学方面展现了高度的系统性，通过科学的教学组织结构，让章节与各环节目标统一、分工明确，形成合力以完成教学任务。从主题内容教学角度来看，教材通过"课前准备"环节引导学生通过自学、调查等手段完成关于主题内容的背景知识积累；在"热身练习"环节，为学生提供具体的数据和实例，帮助学生进一步熟悉主题内容，为后续的深入学习奠定基础；基于上述准备，在"理解当代中国"环节完成主题内容学习，通过阅读习近平新时代中国特色社会主义思想主要方面的关键选篇，帮助学生深入理解中国理论和中国实践；继而在"理解公共演讲"环节中，为学生提供与主题内容相关的演讲实例，展示如何将理论与实践相结合，并通过具体的演讲技巧和方法进行传播；最终在"传播中国声音"环节完成与主题内容相关的产出任务，并通过"语言库"对产出任务进行支撑。

如上所述，整个章节围绕特定主题，通过不同环节各有侧重的配合，构建起一个由浅入深、由输入到输出的系统性结构。教材充分考虑了学习规律，通过逐步引导学生从背景知识积累到主题内容学习，再到演讲技能训练和任务输出，确保学生能够系统地掌握主题内容，并将其应用于实际演讲中。这种系统性设计不仅有助于学生更好地理解和吸收知识，还能有效提升学生的综合能力。

2. 时政性特点

《英语演讲教程》在学习材料的选择上具有鲜明的时政性，所选材料均为重要的时政文献，确保了主题内容学习的权威性、代表性和深入性。从材料来源来看，该教材"理解当代中国"部分的十篇输入性材料均选自习近平总书记的讲话。这些讲话涵盖了多个重要领域，具有极高的权威性和代表性。在讲话所应用的场景上，其中四篇文章为在中央政治局小组学习上的讲话，三篇为座谈讲话，一篇为在中央经济工作会议上的讲话，两篇为在国内外重要会见上的讲话。这些讲话的直接受众包括国家级、省部级或重要部门领导，以及国内外重要领域的代表。

该教材所选语篇均为重要时政文献，讲话的应用场景高端，内容权威且具有代表性。这种时政性特点不仅确保了教材内容的权威性和代表性，还为学生深入了解中国在不同领域的发展理念和政策导向提供了帮助。通过学习这些文献，学生能够更好地理解中国的发展成就和治国理念，提升其国际传播能力和思政素养。

3. 凸显中国特色

《英语演讲教程》的主题内容具有鲜明的中国特色，通过精心设计的十个主题，全面阐释了中国道路和中国智慧，凸显出中国特色。教材的十个主题分别为"中国梦""社会主义核心价值观""文化自信""共同富裕""全面改革""生态文明建设""高质量发展""依法治国""一带一路""全球命运共同体"等。这些主题涵盖了中国在政治、经济、文化、生态等多个领域的核心理念和实践成就。每个主题通过精选的文献和实例，深入探讨了中国在相关领域的理论和实践。

教材通过精心设计的十个主题，深刻反映了中国的发展成就和治国理念。通过学习这些主题，学生能够深入了解中国在不同领域的理念与成就，提升其国际传播能力和文化自信。这种凸显中国特色的主题内容设计，不仅有助于学生更好地理解中国，还能帮助他们在国际舞台上更好地讲述中国故事。

（二）演讲技能教学的特点

1. 以产出任务为线索

《英语演讲教程》在演讲技能教学方面以产出任务为核心线索，通过不同教学环节逐步引导学生完成任务，确保学生能够真实体验演讲准备的全流程。

教材在"学习目标"部分明确指出每个章节的产出任务，使学生从一开始就清楚学习的方向和最终目标。通过"课前准备"和"热身练习"环节，引导学生自行搜索和准备与产出任务主题相关的数据和实例。基于"理解当代中国"环节，学生实现对主题相关理论的深入学习。在"理解公共演讲"环节，教材为学生提供可借鉴的演讲实例，帮助学生掌握演讲技巧。最终，学生通过"传播中国声音"环节完成与主题内容相关的产出任务，如进行五分钟的个人演讲或十分钟的小组展示。

整个章节以产出任务为目标，逐步引导学生完成任务所需的材料准备和理论学习。这种以产出为导向的教学设计，不仅有助于学生系统地掌握演讲技能，还能有效提升学生的自主学习能力和实践能力。

2. 稳定的产出任务形式

《英语演讲教程》在产出任务的形式上具有较高的稳定性，确保不同章节演讲技能训练的统一，以实现技能的巩固。在教材的十个章节中，产出任务只包括两类，即演讲和小组展示，各占五个。演讲任务均为五分钟，小组展示任务均为十分钟。

该教材通过统一的产出任务形式，凸显对学生特定类型公共演讲能力的培养。这种统一的任务形式设计，使得学生在不同章节中能够反复演练演讲技能，也有助于教师进行统一的教学评估，以确保教学效果的一致性和可评估性。

3. 跨文化交际场景

《英语演讲教程》在演讲技能教学中特别强调跨文化交际场景的设置，注重培养学生的跨文化演讲能力。教材的十个产出任务均有场景设定，其中九个产出任务具有鲜明的国际化特征。这些场景包括国际论坛、世界英语演讲比赛以及有国际学生参与的各种活动。

该教材较为重视对跨文化演讲能力的培养。通过设置多样化的跨文化交际场景，教材不仅帮助学生掌握演讲技巧，还引导学生在学习中积累应对不同文化背景听众的经验，提升跨文化交际能力。所以该教材培养了学生在国际舞台上讲述中国故事的能力，也提升了学生的国际传播能力和跨文化交际能力。

五、教材特点

（一）专门性

专门性指的是该教材的目标非常明确，所培养能力的适用场景高度聚焦，即旨在通过演讲训练提升学生的国际传播能力和跨文化交际能力，以应对复杂的国际演讲场景或交际任务。专门性特点在该教材产出任务的设计上得到了充分体现，具体表现在以下几个方面：首先，传播形式具有明确性。如前所述，教材产出任务类型具有稳定性，具体表现为五分钟的演讲或十分钟的小组展示。这些任务形式统一，旨在锻炼学生的表达能力和时间管理技巧，确保他们能在限定时间内清晰、准确地传达信息。其次，跨文化交际场景具有显著的国际性特征。该教材的产出任务不仅强调语言的准确性，还着重培养学生的文化敏感性和适应性，使他们能够在不同文化背景下有效地进行沟通。再次，时政性特点突出。教材中"理解当代中国"部分包含的十篇输入性材料，涵盖了中国的治国理念、政策实践以及文化背景，这些内容具有极高的权威性和代表性。这些材料经过精心挑选，旨在为学生提供深入了解中国社会和政治发展的窗口，同时增强他们对复杂概念的理解和分析能力。最后，教材所使用的术语和表达方式专业且复杂，要求学生不仅要掌握语言知识，还要具备批判性思维和深入分析的能力。

上述特征均表明，该教材并非旨在培养通用型的演讲能力，亦非以一般性的交际场合为背景，而是以理解当代中国、讲述中国故事为核心目标，专注于培养学生在高水平中外文化交流活动中的传播能力。这样的教学内容和方法，使学生能够获得更为全面的国际视野，增强跨文化沟通的自信和能力，最终成为能够在全球舞台上讲述中国故事、传播中国声音的高水平人才。

（二）高标准

该教材具备的第二个特点是高标准。高标准指的是该教材对学生的学习能力有较高要求，无论是输入性材料，还是输出性任务，都具有较高难度。《英语演讲教程》的高标准特点具体表现在以下几个方面：

其一，产出任务具有相当的挑战性。一方面，产出任务时间设定为五至十分钟，该时长对于学生的语言能力已经提出了足够的难度要求。同时，产出任务主题内容同样具备足够的挑战性。学生需要在演讲中准确传达这些复杂的主题内容，这对理解和表达能力提出了较高要求。另一方面，产出任务均有场景设定，具有鲜明的国际化特征。学生需要在这些复杂的跨文化场景中进行演讲，不仅要求语言表达准确，还要求能够适应不同文化背景的听众，这对跨文化交际能力提出了较高要求。

其二，《英语演讲教程》的高标准特点在输入性课文的难度上也得到了充分体现。一方面，教材中的输入性材料均选自习近平总书记的讲话。这些讲话涉及中国治国理念和政策实践，学生需要理解这些讲话的深刻内涵，这对其阅读理解和分析能力提出了较高要求。另一方面，这些讲话中包含大量的专业术语和复杂的语言表达。学生不仅需要准确理解这些术语和表达的含义，也需要关注中国时政文献的语篇特点，这样才能有效运用相关术语进行准确表达，这对学生的语言能力和思维能力提出了较高要求。

六、使用策略

"理解当代中国"系列教材旨在帮助学生全面了解当代中国的发展成就和治国理念，提升其国际传播能力和跨文化交际能力。然而，其专门性和高标准特点决定了该教材对学生的时政文献理解能力、英语语言能力和跨文化交际能力都提出了很高的要求，因此针对不同层次的学生，应采取不同的教材使用策略，以确保教学效果。

首先，对于完全达到教材要求的学生来说，使用该教材时应该注意扩展资源的构建。这些学生在语言能力和主题内容相关知识方面都具备了一定的基础，能够较好地理解时政文献，也具备了一定的英语演讲能力和跨文化交际能力，可以完成教材设定的产出任务。在这种情况下，教师可以引导学生进一步拓展学习深度和广度。一方面，鼓励学生关注最新的时政动态和学术研究，补充教材中可能存在的时效性不足的问题。例如，可以引导学生阅读最新的政策文件、学术论文和新闻报道，了解中国在各个领域的最新发展情况和成就，从而在演讲中加入更丰富、更前沿的内容。另一方面，教师可以组织学生参加各类英语演讲比赛、国际交流活动等，让学生在真实的跨文化交际场景中锻炼自己的演讲能力和国际传播能力，提升综合素质和实践能力。

其次，对于离该教材要求有一定距离的学生来说，在使用教材时，教师应注重辅助资源的构建，帮助学生弥补其能力上的不足。这些学生在语言能力或主题内容相关知识方面存在一定的不足，在理解时政文献或完成产出任务时存在一定的困难。在这种情况下，教师就需要有意为课堂补充相关辅助资源。在语言能力方面，教师可以为学生提供额外的语言学习资源，如英语语法、词汇、听力、口语等方面的练习材料，帮助学生提高英语语言水平，熟悉时政文献英语表达的语篇特点和术语特点。同时，教师可以在课堂上加强语言知识的讲解和练习，针对学生在语言学习中遇到的困难进行有针对性的指导。在主题内容相关知识方面，教师可以为学生提供一些背景知识的补充材料，如相关的中文书籍、文章、视频等，帮助学生更好地理解教材中的主题内容。此外，教师还可以组织学生进行小组讨论、角色扮演等活动，让学生在互动中加深对主题内容的理解和掌握。

最后，对于距离教材要求较大的学生来说，教师应以该教材为指导，构建适合学生的本地教学材料。此类学生在语言能力和主题内容相关知识方面都存在较大的差距，难以独立完成文章阅读或尚不具备完成五分钟演讲的能力。在这种情况下，教师不应直接使用教材进行教学，而是应将教材视为导向，以教材所展示的教学流程为模板构建本地教材。一方面，教师可以根据学生的实际情况，对教材中的主题内容进行适当的简化和调整，降低主题内容的难度和深度，使其更符合学生的认知水平。例如，可以选择一些相对简单易懂的主题，如中国的传统节日、美食文化等，让学生在学习中逐渐建立起对教学内容的兴趣和认知。另一方面，教师可以降低任务的要求，如缩短演讲时间、简化演讲内容、减少专业术语的使用等，让学生能够在完成任务的过程中逐步提高自己的语言能力和表达能力。此外，教师还可以结合本地文化和生活实际，设计一些与学生生活密切相关的教学活动，让学生在熟悉的环境中学习和应用英语，逐步提高学生的学习积极性和参与度。

Study on the Characteristic Analysis and Hierarchical Teaching Strategies of *Understanding Contemporary China: A Coursebook for English Public Speaking*

Abstract: This study takes *Understanding Contemporary China: A Coursebook for English Public Speaking* as a case study. Employing grounded theory as the analytical framework, it conducts a systematic examination of the textbook's characteristics from dual perspectives: thematic content and speech skill instruction. The research reveals that through systematic chapter organization, authoritative integration of current political documents, and thematic incorporation of Chinese characteristics, the textbook establishes a comprehensive pedagogical framework spanning from knowledge input to practical output. This framework is purposefully designed to enhance students' competencies in international communication and intercultural communication. In response to the textbook's specialized nature and high standard, the study proposes hierarchical utilization strategies to accommodate the needs of students at different proficiency levels. These findings offer practical insights for foreign language education reform in the new era.

Key words: *Understanding Contemporary China*; English public speaking; hierarchical teaching strategy

思政教育融入高中英语课程的实施路径研究①

张仙女

（浙江省仙居中学，浙江 仙居 317300）

摘要：《普通高中英语课程标准（2017 年版 2020 年修订）》强调英语课程的育人功能，旨在培养学生语言能力、文化意识、思维品质和学习能力，以实现立德树人目标。本文通过以下四个方面探讨了在高中英语课程中融入思政教育的策略：一是挖掘教材内容，在听力、语法、阅读和写作中融入思政元素，引导学生理解和应用相关知识；二是创新教学方法，借助信息技术、多媒体和跨学科融合，丰富教学手段，激发学生的学习兴趣和参与度；三是设计实践活动，如辩论、志愿服务和文化交流活动，帮助学生理解和践行核心价值观；四是优化评价手段，通过自我评价和同伴互评，提升学生的综合素养。这些策略不仅可以促进学生的全面发展，还可以为其他学科融入思政教育提供宝贵的参考。

关键词：高中英语课程；思政教育；学科育人；实施路径

《普通高中英语课程标准（2017 年版 2020 年修订）》（以下简称《课标》）指出，普通高中英语课程具有重要的育人功能，旨在发展学生的语言能力、文化意识、思维品质和学习能力等英语学科核心素养，落实立德树人根本任务②。《课标》中提及"育人价值""育人目标""育人合力""育人质量""学科育人""育人功能"等关键词，总计十余次，表明育人已成为高中英语课程的重要目标之一。这一目标与课程思政所倡导的育人理念完全契合。

---

① 作者简介：张仙女（1974— ），女，浙江省仙居中学英语教师，浙江省正高级教师、特级教师。

② 中华人民共和国教育部：《普通高中英语课程标准（2017 年版 2020 年修订）》，北京：人民教育出版社，2020 年。

思政教育融入高中英语课程，有助于实现《课标》所倡导的"立德树人"理念。这一方式应贯穿于教材选择、课堂设计和教学实施等各个环节，高中英语课程不仅要传授语言知识，更要注重培养学生的综合素养和价值观，为他们的全面发展奠定坚实基础。教师应善用各种资源和手段，将思政教育自然融入英语教学，潜移默化地实现育人效果。本文通过详细分析，提出在普通高中英语教学中有效融入思政教育的途径。研究的目的在于帮助高中英语教师更好地理解和实施《课标》中的育人要求，探索如何通过教材挖掘、教学方式改革、实践活动设计及评价方式优化等手段，培养学生的语言能力、文化意识、思维品质和学习能力，从而推动学生全面发展，实现立德树人的教育目标。

一、高中英语课程思政教育的内容

2022 年版高中英语教材重点关注三大主题语境：人与自我、人与社会和人与自然。这些主题统领并关联所有内容要素，为学生提供了丰富的语境范畴。为实现立德树人的目标，思政教育融入高中英语课程可以围绕课标提出的三大主题语境的内容展开（见图1），即三大主题语境、10 个主题群、32 个子话题。在"人与自我"领域，重点关注生活与学习、做人与做事，旨在培养学生的自我管理和自我认知能力，帮助他们树立积极的人生观和价值观。在"人与社会"领域，涵盖社会服务与沟通，文学、艺术与体育，历史与文化，科学与技术，注重提升学生的社会责任感和交流能力，以及对多元文化的理解与尊重。在"人与自然"领域，涉及自然生态、环境保护、灾害防范和宇宙探索，旨在增强学生对自然的尊重和热爱，培养其环保意识和可持续发展理念。

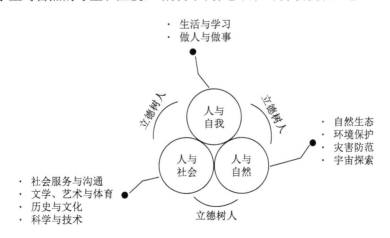

图 1　高中英语课程思政的内容

这种结构设计不仅提供了丰富的语言学习情境，还使思政教育自然融入语言教学中。每个主题围绕现实问题和社会热点展开，使学生在提高英语能力的同时，增强道德修养、社会责任感和环保意识。

综上所述，2022 年版高中英语教材通过三大主题语境、10 个主题群和 32 个子话题的设置，注重学生全方位的能力发展，实现立德树人的教育目标，并培养具有全球视野和社会责任感的新时代少年。

二、高中英语课程融入思政教育的路径

（一）依托教材内容，挖掘思政知识

要在高中英语课程中成功融入思政教育，教师需将语言学习与思政知识相结合，依托教材内容，深入挖掘与思政相关的主题，将听力、语法、阅读和写作等教学内容与现实生活紧密联系。在教学过程中，教师应有机融合育人元素，引导学生深入思考和解决实际问题，深化他们对思政知识的理解与应用。

1. 听力训练，坚定文化自信

听力教学在语言学习中至关重要。教师应引导学生主动参与听力练习，让学生通过倾听语言材料，深入理解内容，自主加工信息，并表达对思政内容的理解，使思政教育潜移默化地融入学生的日常学习中。

例如，人教版必修二第一单元的听力材料提道："We want to promote Mount Tai; that is,we want to tell teenagers in other countries about the mountain and Chinese culture." 这句话传达了一种文化自信的观念，即我们希望宣传泰山，也就是希望向其他国家的青少年介绍这座山和中国文化。这种观念体现了对本国文化的自信和自豪，并表达了推广中国文化的愿望。通过倾听，学生能够肯定本国文化的价值，促进其对文化多样性的了解和互相学习，有助于增加国际间的文化交流与理解。

在听力教学中，巧妙地融入思政类元素可以通过以下几种方式实现：

第一，精选思政材料。教师应选择能够反映中国文化、历史名人和传统节日等内容的听力材料，引导学生感受文化自信。例如，在讨论"宣传泰山和中国文化"时，教师可以提出问题，如"为什么要向世界介绍中国文化？"，以培养学生的思辨能力和表达能力。

第二，开展项目式学习也是一种非常有效的方法。教师可以安排学生进行中国文化或传统项目研究，并用英语展示他们的成果。例如，制作关于泰山的 PPT，介绍其自然景观、历史文化及其在中国文化中的地位，从而在语言实践中深化对文化自信的

认识。

第三，结合案例和多学科。在教学中，教师应结合实际案例和其他学科的内容，使教育更加生动、有趣。例如，在讲解泰山时，补充历史故事和地理知识，让学生全方位了解中华文化。在分享成功的文化传播案例时，让学生看到文化自信的现实意义和影响力。

第四，反思与总结。教师鼓励学生在听力训练结束后写反思性的小短文，总结学习收获，包括语言知识和对文化自信的理解。这有助于巩固学习成果，培养学生的反思和表达能力。

总之，通过精选思政材料、开展项目式学习、结合实际案例和多学科知识以及反思总结，教师能够在听力教学中巧妙地融入思政教育，使学生逐渐形成正确的价值观和文化自信。

2. 语法探究，提高德育意识

语法在培养学生英语思维方面起着至关重要的作用，它帮助学生理解英语表达的模式，并逐步提高语言能力。高中阶段英语语法教学的目标是使学生在进一步巩固和扩展已有的语法知识的基础上，在具体语境中恰当地运用所学知识来理解和表达，进一步增强语法意识[①]。在高中英语语法教学中引入思政教育，不仅可以增强学生对语法知识的理解和应用，还能培养他们的道德素养和社会责任感。教师可以选择蕴含爱国主义、尊重包容、环境保护、社会责任、诚信正直、创新科技等主题的例句，使其既作为语法知识的载体，也为思政教育提供契机。

例如，通过使用 "During the National Day holiday, many people visit historical sites to learn about the country's history and culture." 这样的例句，学生不仅可以练习时态的应用，还能激发爱国情怀。类似地，使用 "In a multicultural society, it is important to respect and appreciate different cultures and traditions." 这样的句子，不仅可以帮助学生理解和使用形式主语，还能培养他们的尊重和包容精神。

再如，在学习定语从句的用法时，教师可以提供例句 "All those who are away from home will return home before the Spring Festival, which becomes the busiest period for the transportation system, lasting about half a month." 这句话传达了德育观念，即所有远离家乡的人在春节前都会回家团聚，这段时间成为交通系统最繁忙的时期，大约持续半个月。这种观念强调了家庭和亲情的重要性，鼓励人们重视与家人团聚，并倡导社会责任感和对家人的关爱。

通过这样的例句，英语语法教学不再限于语言知识的传授，而成为德育教育的重要

---

① 中华人民共和国教育部，《普通高中英语课程标准（2017 年版 2020 年修订）》，北京：人民教育出版社，2020 年。

载体。这样，学生在提升语言能力的同时，也能获得价值观和道德素质的全面发展。

3.语篇研读，剖析思想价值

语篇研读是一种深入理解和分析文本的方法。高中英语教材涵盖人与自我、人与社会和人与自然三个主题。在教学中，教师应根据教材内容和学生情况，精心设计教学活动，并结合思政教育原则，引导学生进行深度阅读，理解文本中的情感、态度和价值观。为加深学生对思政知识的理解与应用，教师还可以组织社会实践、小组讨论和演讲比赛等活动。这不仅能够增强教学效果，还能促进学生在实际情境中有效运用所学知识。

例如，人教版必修二第二单元的主题是野生动物保护。通过阅读"A Day in the Clouds"，学生了解了藏羚羊的生存环境及生活方式对保护野生动物和地球的重要意义。在此基础上，教师应鼓励学生讨论并挖掘思政元素，帮助他们进一步理解文本，引导其反思社会问题，培养其批判性思维和社会责任感。

为了帮助学生深入理解藏羚羊生存环境的变化及其保护措施，教师可设计多样化的教学活动。这些活动不仅能提升学生的英语阅读和综合应用能力，还能引导他们树立正确的价值观。以下是一些可开展的教学活动：

（1）小组讨论：学生分组讨论藏羚羊生存环境变化的原因及其保护措施，同时分享日常生活中的环保行动，如减少使用塑料制品、节约能源等。

（2）社会实践：教师引导学生参加当地的环保组织活动或观看野生动物保护纪录片，并撰写心得体会。这将增强他们的环保意识，让他们亲身体验环保工作的艰辛和重要性。

（3）演讲比赛：教师组织学生准备并发表有关野生动物保护的演讲，分享对环保问题的看法，加深对环境保护的重要性和紧迫性的认识。

（4）案例分析：学生查阅资料或进行实地调查，了解中国在野生动物保护方面的具体举措和成效，从而了解国家政策以及环保工作的复杂性和长期性。

通过这些丰富多样的活动，教师不仅能帮助学生全面理解藏羚羊保护的必要性，激发他们对环境保护的热情，还能提升他们的英语能力和公民意识。

4.写作教学，培养公德观念

在高中英语写作教学中融入思政教育，不仅能提升学生的语言技能，还能促进他们的思想水平发展。教师可以通过以下六个步骤实现这种有机结合。第一，确定主题，选择与社会现实密切相关的内容；第二，明确目标，培养学生的价值观和社会责任感；第三，设计任务，促进深入思考和表达；第四，准备材料，帮助理解主题背景；第五，过程指导，激发学生的参与和思维能力；第六，综合评价，评估语言表达和思想深度

（见图2）。通过这些步骤，学生不仅能提升写作能力，还能实现全面发展。

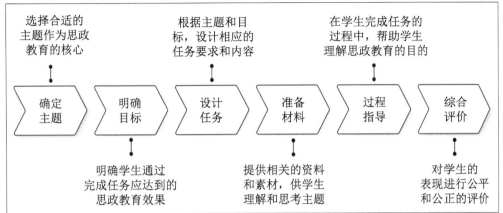

图2　高中英语写作教学设计时思政任务的步骤

第一步：确定主题。

（1）主题选择：

①相关性：选择与社会现实和学生生活都具有高度相关性的主题，例如环保、社会公益、文化多样性等。

②兴趣点：通过调研了解学生感兴趣的话题，确保选定的主题能激发学生的参与热情和讨论欲望。

（2）主题表达：

①课堂讨论：组织初步的主题讨论，让学生分享自己对主题的初步理解和看法。

②引导提示：教师提供一些引导性问题，帮助学生从多角度去思考该主题的深层次意义。

第二步：明确目标。

（1）目标设定：设置清晰的教育目标，如提高环保意识、增强社会责任感、理解和尊重文化多样性等。

（2）具体目标：将宏观目标细化为具体可操作的小目标。例如写作一篇环保短文，学生不仅能提升英语写作能力，还能加深对环保问题的理解并提出解决方案。

第三步：设计任务。

（1）任务类型：设计丰富多样的写作任务，如议论文、记叙文、信件、宣传材料等，以不同形式探索同一主题。

（2）任务步骤：明确每个任务的完成步骤，包括资料收集、结构安排、初稿撰写、修改完善等。

（3）任务指导：提供详细的指导大纲和评分标准，让学生清楚了解任务的具体要求和期望达到的效果。

第四步：准备材料。

（1）挑选素材：准备多种形式的材料，如学术文章、新闻报道、视频纪录片、图片、表格等，使学生全面理解主题背景。

（2）材料利用：引导学生有效利用这些材料进行阅读、分析，并将其应用于写作中，例如引用书面或视觉证据支持论点。

第五步：过程指导。

（1）持续辅导：在整个任务过程中提供持续的个性化辅导，包括定期的反馈和一对一的指导。

（2）设计活动：设计丰富的互动活动，如小组讨论、辩论赛、写作比赛等，培养学生的合作能力和批判性思维。

（3）反馈机制：建立多层次的反馈机制，从初步构思到最终成品，不断给予学生建设性的意见和建议。

第六步：综合评价。

（1）多维度评价：结合语言表达、逻辑思维、材料运用、思政主题认知程度等维度进行评价。

（2）个性化反馈：针对每个学生的具体表现提供个性化的反馈，指出其优势和改进方向。

（3）综合评估：不仅评估最终写作成果，还关注学生在整个写作过程中的参与度和思考深度。

通过上述系统化的六步流程，将思政教育有机融入高中英语写作教学，实现了学生语言能力和思想素养的同步提升。在具体实施过程中，教师应灵活调整，根据学生的实际需求和反馈不断优化教学方法，以达到最佳教育效果。

（二）创新教学方式，激发思政兴趣

在信息技术飞速发展的背景下，传统的英语教学已难以满足学生的全面发展。通过创新教学手段，如信息技术应用、跨学科融合，教师可以将思政教育有效融入英语课程。这不仅可以丰富教材内容，还可以激发学生的学习兴趣，使他们更加主动参与，提升综合素养和思辨能力。

1. 利用信息技术，增添思政素材

伴随信息技术的快速发展，英语教学迎来了前所未有的机遇与挑战。现代信息技

术不仅为英语教学提供了多样化的手段、平台和空间，还提供了丰富的资源和跨时空的语言学习机会，促进了英语教学理念、教学方式与学习方式的变革①。在英语教学中，教师应综合运用传统教学工具（如黑板、实物、挂图）和现代信息技术（如教育网站、在线课程、视频资源、在线互动工具），丰富思政教育的手段和方法。以下是一些具体的方法：

（1）时事新闻的引入

教师可以利用互联网资源，引入最新的国际和国内新闻报道作为英语阅读或听力材料。例如：

①阅读材料：使用 BBC News、CNN、China Daily 等网站的新闻报道，如 "UN Climate Change Conference: Key Takeaways" 中涉及气候变化问题，引导学生讨论全球变暖背后的经济原因和影响，以及各国应对措施。

②听力材料：播放 NPR 或 CRI（中国国际广播电台）的新闻音频，如 "China's Role in Global Renewable Energy Development"，并设置相关问题，引导学生思考中国在国际事务中的作用。

（2）历史事件和文化背景的融合

在英语教学中，教师可以通过数字化平台整合历史事件和文化背景的资料，增强学生对不同历史阶段和文化现象的理解。例如：

①观看纪录片：让学生观看 *The Vietnam War* 或 *The Civil Rights Movement* 等纪录片，不仅可以使其了解美国历史上的重大事件，探讨战争对社会和人类的影响，进而学习相关的英语词汇和表达，还能引发他们对社会、政治和道德问题的深刻思考。

②阅读文学作品：让学生阅读 *To Kill a Mockingbird* 这类反映社会问题和背景的经典小说。为了将这些思政元素有效融入课堂，教师既可以让学生分组讨论小说中的关键情节、人物行为和动机，每组汇报结果，促进全面理解和多角度思考；也可以让学生扮演不同角色，体验并理解不同立场下的道德标准和社会困境。

通过这些教学策略，教师能在提升英语教学效果的同时，与思政教育深度融合，使学生成为有思想、有责任感的公民。

（3）多媒体素材的应用

视频、音频和互动课件等多媒体素材可以通过生动直观的方式增强教学效果，帮助学生更好地理解和记忆学习内容。例如：

①视频资源：利用 TED Talks，如 *Greta Thunberg: The Disarming Case to Act Right Now on Climate Change*，让学生观看后进行小组讨论，通过角色扮演，讨论气候变化

---

① 中华人民共和国教育部：《普通高中英语课程标准（2017 年版 2020 年修订）》，北京：人民教育出版社，2020 年。

的应对方案，然后写一篇反思性文章，探讨自己能为环境保护做些什么，并分享书面观点。

②音频资源：利用播客节目，如"The Daily"或"The Economist Radio"，挑选与思政相关的主题，让学生在课前听，鼓励学生评估音频中的观点和论据，辨别事实与意见，培养批判性思维能力，并在课堂上分享他们的听后感受和理解。

③互动课件：使用 Kahoot 或 Quizlet 这样的平台制作互动测验和小游戏，围绕所学内容设计问题，让学生通过答题和互动游戏来巩固知识。通过这些形式，可以增强学生对社会公平和个人责任等复杂问题的理解。

信息技术在英语教学中发挥了极大的作用，使课堂内容更加丰富多彩。学生在提升语言技巧的同时，也能增强思政素养和社会责任感。

2. 跨学科融合，渗透思政理念

在现代教育中，跨学科融合和思政教育已成为培养全面发展的学生的重要方法。高中英语教材通过丰富的话题，不仅提升了学生的语言能力，还能与思政教育融合，提高学生的社会责任感和批判性思维。

高中英语教材中涉及全球问题的章节为跨学科融合提供了基础。讲解人教版高中英语教材选择性必修三"Environmental Protection"单元时，教师可以结合地理和生物学知识，引导学生讨论全球变暖、冰川融化、森林砍伐等环境问题。通过阅读相关文章、观看纪录片 *An Inconvenient Truth*，学生不仅能积累与环境相关的英语词汇，还能了解人类活动对自然环境的影响。教师可以组织课堂讨论，鼓励学生探讨如何通过个人和集体的努力来保护地球，从而增强他们的环保意识和社会责任感。

"文化交流与全球化"是一个适合跨学科融合的课题。高中英语教材通过介绍不同国家的文化习俗、历史背景和经济发展，提升学生的跨文化交际能力。在讲解人教版高中英语教材必修三"Unit 3 Diverse Culture"时，教师可以结合历史和经济学的内容，帮助学生理解全球化对各国文化交流和经济发展的影响。例如，可以选取 *The Economist* 中的相关文章或观看纪录片 *The Story of Globalization*。这样不仅能提高学生的英语阅读和听力能力，还能培养他们的全球视野，同时引导学生分析全球化的利弊。这种方法能够全面提升学生的综合素质。

在讲解高中英语选择性必修一"Unit 2 Looking into the Future"时，教师可以结合物理和计算机科学知识，介绍科技前沿动态。例如，组织学生阅读 *National Geographic* 的科技文章或观看纪录片 *The Social Dilemma*，并讨论人工智能、大数据、区块链等技术及其社会影响。此外，还可以设计小组项目，让学生模拟开发新技术，并思考其社会影响，包括伦理和法律问题。这不仅培养了学生的创新思维和团队合作精神，还让他们认识到科技进步需以人为本，注重社会效益和道德规范。

通过科学设计教学活动，教师将英语教学与其他学科知识结合，使学生在提高语言能力的同时，培养综合素养和社会责任感。这种跨学科方法不仅能促进学生全面发展，还帮助学生形成正确的人生观和世界观，使思政教育更生动有趣，提升学生的参与度，从而最大限度地培养他们的思想品德和社会责任感。

（三）设计实践活动，培养思政能力

实践活动为学生提供了宽广的思维交流空间。教师可以根据具体情况设计合适的实践活动，并在活动中引导学生进行反思和总结，激发他们思考和创新。以下是一些具体的实践活动示例（见表 1）。

表 1　实践活动示例

辩论活动	组织英语辩论比赛，让学生就与思政相关的话题展开辩论。这有助于培养学生的逻辑思维能力、表达能力和批判性思维，同时加强他们对社会问题的思考和理解
角色扮演	安排思政相关的角色扮演活动，让学生扮演不同的角色，体验和理解各种价值观和立场之间的冲突。通过这样的活动，培养学生公正、倾听和理解的能力
文化交流活动	组织学生与外国学生或外籍教师进行语言交流和文化交流活动。学生可以用英语与他人分享中国的文化、价值观和思政理念，同时也可以从他人那里了解不同国家和文化的思政观念
志愿者服务活动	组织学生参与英语相关的志愿者活动，如英语角、英语文化节、英语教学助力等，培养学生的社会责任感和公共利益意识
跨学科合作项目	将英语与其他学科结合，设计跨学科合作项目来研究社会问题。例如与历史、地理等科目合作，探讨某个历史事件对社会产生的影响
社团辩论会	组织学生参加英语社团辩论会，让他们就社会、伦理问题进行辩论，提高他们的辩论技巧、批判性思维和分析能力，同时增强他们对不同观点的理解和尊重
演讲或短剧表演	要求学生用英语进行有关思政主题的演讲或短剧表演。这将促使他们深入思考和表达对于价值观、公共事务和社会问题的见解，同时锻炼他们的口头表达和表演能力

以上这些示例活动旨在帮助学生将思政知识与实际问题相结合，使其在实践中提高自身的思政素养，更好地理解和践行核心价值观。当然，教师应根据具体情况设计适合的实践活动，并在活动中引导学生进行反思和总结，以激发他们思考和创新。

（四）优化评价方式，落地思政理念

基于英语学科核心素养的教学评价应以形成性评价为主并辅以终结性评价，注重评价主体的多元化、评价形式的多样化、评价内容的全面性和评价目标的多维化[①]。优化评价方式，落实思政理念应以形成性评价为主，辅以终结性评价，多元评价、综合考量学生的思想、价值观、情感态度等方面的发展。

---

① 中华人民共和国教育部，《普通高中英语课程标准（2017 年版 2020 年修订）》，北京：人民教育出版社，2020 年。

评价整合。评价整合意味着将课程思政教学评价整合到语言知识与技能的评价中去，坚持显性与隐性评价相结合的原则。其中，语言知识和技能的评价以显性为主，思政目标的评价以隐性为主[①]。显性评价通过考试、作业、项目等活动评估学生的语言知识和技能，提供客观标准化的反馈。隐性评价则通过观察、讨论、个人陈述等方式评估思想品德和综合素养，了解其思考方式、价值观念和道德意识，从而全面评估思政教育成效。通过结合两种评价方式，教师可以更准确地了解学生的综合素养和进步情况，从而更有针对性地进行课程设计和教学改进。

多元评价。在高中英语课程中融入思政教育时，教师应摒弃单一的终结性评价模式，主要采用形成性评价，丰富课堂评价主体和方法，如教师评价、学生互评和自我评价。思想品德发展是长期过程，教师要通过日常交流和观察，深入了解学生的思考方式和价值观念。

成长记录。利用学习日志、检查清单等工具记录学生的成长。学生记录反思和总结学习经历，教师分析这些材料并提供指导和反馈。同时，通过同伴之间的互相观察和评价，学生能获得多角度的反馈，识别优势和改进方向，提升自我认知和管理能力，促进全面发展。

这些优化的评价方式不仅实现了知识传授，还培养了学生的综合素养和社会责任感，为其未来发展奠定坚实基础。

三、结语

将思政教育融入高中英语课程是一个复杂且关键的过程。教师可以依托教材，将思政教育融入日常学习，使其贴近实际生活；可以通过创新教学方法，激发学生对思政问题的兴趣，提高他们的参与度和思考能力；可以设计实践活动，帮助学生将抽象的思政知识与真实情境相结合，提升综合素养；可以建立多元评价体系，将语言知识与技能的评价和思想品德发展的评价相结合，以实现培养学生思想品德和核心价值观的目标。

在高中英语课堂中融入思政教育是一项重要且有意义的任务，但在实际操作中仍然面临诸多困难和问题。

（1）师资缺乏系统培训：许多英语教师缺乏系统的思政知识和教学方法，传统教学模式难以与思政教育有效结合。

（2）政策支持力度有限：学校和教育部门对思政教育重视不够，相关政策落实不

---

① 胡杰辉：《外语课程思政视角下的教学设计研究》，《中国外语》，2021 年第 2 期，第 53—59 页。

到位，教师缺乏系统培训和交流的机会。

（3）教材资源相对匮乏：现有英语教材主要侧重语言技能训练，思政教育内容较少，支持教学的课件、案例和视频资源不足。

（4）评价体系亟待完善：现有评价手段难以有效衡量思想品德发展，难以全面评估学生的思想进步，教师跟踪反馈困难。

（5）跨学科整合难度大：将思政内容无缝融入英语教学，尤其是实现跨学科整合，需要教师具备跨领域的知识和技能。

尽管在高中英语课堂中融入思政教育面临诸多挑战，但通过系统的师资培训、增强政策支持、丰富教材资源、完善评价体系以及创新教学方式，教师仍能有效结合思政教育与英语教学，实现促进学生全面发展的目标。

Study on Implementation Approaches for Integrating Ideological and Political Education into the High School English Curriculum

Abstract: The "General Senior High School English Curriculum Standards（2017 Edition, Revised in 2020）" emphasizes the educational function of the English course, aiming to cultivate students' language competence, cultural awareness, thinking quality, and learning ability to achieve the goal of fostering moral integrity and character. This paper explores the strategies for integrating ideological and political education into high school English courses from four perspectives: First, leveraging textbook content to incorporate ideological and political elements in listening, grammar, reading, and writing, thereby guiding students to understand and apply related knowledge; second, innovating teaching methods through the use of information technology, multimedia, and interdisciplinary integration to enrich the teaching process and stimulate students' interest and engagement; third, designing practical activities such as debates, volunteer services, and cultural exchanges to help students comprehend and practice core values; and fourth, optimizing evaluation methods through self assessment and peer assessments to enhance students' overall quality. These strategies not only promote the comprehensive development of students but also provide valuable references for integrating ideological and political education in other subjects.

Key words: high school english curriculum; ideological and political education; subject-based education; implementation approaches

"思政"与"思辨"相融合的英美文化教学模式研究[①]

冯丽妍 赵震红

（华北理工大学外国语学院，河北 唐山 063000）

摘要： 本研究立足课程思政理念，探讨课程思政和思辨能力培养相融合的英美文化教学模式。具体而言：在英美文化课程讲述英语国家历史、文化等方面知识的基础上，弘扬我国优秀传统文化，融入社会主义核心价值观；在进行文化、语言训练的同时融入思辨能力培养。为实现教学目标的多元统一，本研究将构建以"思政"为目标，以"思辨"为引领，以"教材重构""问题导入""融合性讲授""驱动性延展"为路径的教学模式，以期培养具有家国情怀、世界眼光的创新型人才。

关键词： 英美文化教学；课程思政；思辨能力

2019 年，习近平总书记在学校思想政治理论课教师座谈会上指出，要挖掘其他课程和教学方式中蕴含的思想政治教育资源，实现全员全程全方位育人。这种构建"三全育人"、使各类课程与思想政治课同向而行的课程思政理念是一种综合教育理念，为此教育部发布《高等学校课程思政建设指导纲要》，提出要结合专业特点分类推进课程思政建设，课程思政从理论探讨阶段进入教学实践阶段。外语教学实践的属性也从单纯的工具性，进入思想性、人文性阶段[②]，其目标不仅聚焦于语言知识传授和技能训练，更聚焦于能力提高、价值观塑造。而外语课程也常直面一些中西体制、信仰、观念的

---

① **作者简介：** 冯丽妍（1969— ），女，华北理工大学外国语学院副教授，硕士。研究方向：英美文学、英语教学法。赵震红（1980— ），女，华北理工大学外国语学院副教授，博士。研究方向：英语教学法。

基金项目： 本文为 2021 年度河北省高等教育教学改革研究与实践项目"英语本科一流专业与一流课程建设研究与实践"（2021YYJG030）的阶段性成果。

② 肖琼，黄国文：《关于外语课程思政建设的思考》，《中国外语》，2020 年第 5 期，第 9—14 页。

碰撞，因此，课程思政如何在外语教学中落地实施是教学实践的重心。本文将以英美文化课程为依托，探索"思政"与"思辨"相融合的教学实施路径，提高学生作为学习主体的积极性，促使思政教育向纵深发展。

一、英美文化教学中的"思政"与"思辨"

英美文化课程主要介绍英美国家的地理环境、历史进程、宗教、经济、政体、教育等方面的知识，西方的思维模式、价值观也会蕴含其中。可以说，英美文化课是学生接触西方文化、思想和理念的一门课程。因此，在英美文化教学中融入思政元素与思辨能力培养，引导学生从多维度去思考、感悟，提高对本国文化的理解、树立正确的世界观是非常必要的。

（一）文化教学中的"课程思政"

课程思政是一种隐性的思想教育，其实质是将高校思想政治教育融入课程教学和改革的各环节，实现立德树人。习近平总书记在 2016 年全国高校思想政治工作会议中提出，"好的思想政治工作应该像盐，但不能光吃盐，最好的方式是将盐溶解到各种食物中自然而然吸收"。

英美文化教学中的"盐"就是让学生具有"中国立场，世界眼光"，要培养具有家国情怀、全球视野、专业本领的复合型人才。要在英美文化知识讲授过程中通过对比、辨析将中华文化的精髓、社会主义价值观的精华融于其中，使学生在学习过程中不是被动地接受西方文化，而是能辩证思考，形成对我国文化的自信和社会主义道路的自信。同时，面对当今开放的世界，面对多元文化的不断交流与碰撞，也要培养学生的跨文化意识，培养一种对多元文化欣赏和包容的能力，使学生能辩证地看待西方文化，吸收人类文明的优秀成果，具有世界眼光。

（二）文化教学中的"思辨能力培养"

思辨能力（critical thinking）即批判性思维和辨别的能力，主要体现在情感和认知两个方面。其中情感层面包括勤学爱问、尊重事实、敏于探究、追求真理，认知层面是指对证据、概念、标准、背景等要素进行阐述、分析、评价、推理与解释。思辨能力是学生终身发展、适应时代变化、在认知过程中去伪存真的关键能力，是我国当代大学生的核心素养之一。但在以语言技能训练为主的外语教学中，学生更注重于反复操练、背诵记忆，常常将思辨能力置于次要地位。因此，加强对英语专业学生思辨能力的培养尤为重要。在英美文化教学活动中，学生会接触到大量异于本国文化的价值观和文化理念，需要学生理解、质疑、求证，这些都需要思辨能力。教师要在课堂教学中实现润物无声的思政教育，同时也要通过辨析、探究、知识延展等方式对学生进行思辨能力培养。学生具备了思辨能力，才能更好地跟随教师的引导，辩证地吸收所学的知识，正确地看待世界文化。

二、"思政"与"思辨"相融合的教学模式设计

英美文化教学中课程思政的开展需要将教学内容、思政元素与思辨能力培养有机地融为一体。本研究将探索以教师为主导、学生为主体、教材为主线、互动教学为主要方式的架构，构建以"思政"为目标，以"思辨"为引领，以"教材重构""问题导入""融合性讲授""驱动性延展"为路径的教学模式，以达到思辨能力和思政教育等教学目标的多元统一。在互动教学中，学生能积极思考、不断质疑、表述思想，达到知识体系形成和思辨能力提升的显性目标；同时，学生也会形成文化自信、政治认同和世界眼光，从而实现英美文化教学的隐性目标（见图 1）。

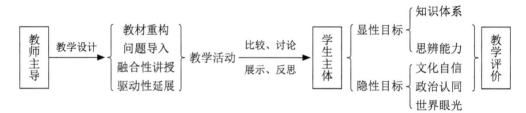

图 1 "思政"与"思辨"相融合的教学模式设计

三、"思政"与"思辨"相融合的教学模式实施

华北理工大学英语专业在第三学期开设了英美文化方向的专业基础课程"英语国家概况"，该课程是英语本科一流专业建设的重点项目。本研究以"英语国家概况"课程为例，探讨如何在英美文化课程教学中实施"思政"与"思辨"的融合。

（一）教学材料重构

华北理工大学英语专业"英语国家概况"课程的教材为英文版本，内容详尽，覆盖面广，语言难度适中，概括地介绍了英美两国的历史背景、政治制度、经济概况、文化传统和风俗习惯等社会生活方面的基本知识。但教材更多停留在"介绍"层面，缺乏以

学生为主体的探究性教学内容，没有涉及中外文化比较、价值观塑造等内容。教师对教学材料进行了重构，客观、辩证地审视和挖掘教材中的思想文化内涵，把思政、思辨元素和教材内容相结合，将教材大致分成三个维度，确立了相应的思政和思辨目标。

1. **历史维度**

在英语国家起源和历史简述教学中构建历史观，培养批判性思维，贯通爱国主义。历史就像一面镜子，它照见现实也照见未来。教师要在历史唯物主义的指导下培养学生的批判性思维，引导学生借鉴历史，汲取智慧，以辩证思维看待历史发展。如第一次工业革命首先发生在英国，使英国在 100 年间成为世界强国，但由于大规模工业排放，英国也出现了各种问题和矛盾。同时，对比中国的历史演进与社会发展，学生能更理性地看待今日之中国，意识到当今中国正处于快速发展时期，激励他们为祖国的繁荣和强大而努力，激发他们的爱国情感。

2. **文化维度**

在讲授西方文化进程中融入国际化视野、树立文化自信。这部分内容主要包括英美地理、宗教、文化等。教师要在教学过程中引导学生了解西方文化的精髓，欣赏世界文化的多姿多彩，感悟人类文明与自然的和谐共生。同时，通过中西比较呈现中华民族五千年文明的优秀成果，帮助学生树立文化自信。如讲到建于 122 年的英国哈德良长城（Hadrians Wall）时，对比中国的万里长城（始建于前 214 年），引导学生感悟不同民族在思维层面的共通与差异之处。两个长城的形成背景和所赋功能相似，但哈德良长城受地理因素限制，仅 118 千米长，而我国幅员辽阔，长城总长达 2 万多千米，是世界七大奇迹之一。这种比较研究使学生们在了解西方文化的同时也为自己的文化自豪。

3. **社会维度**

在讲授英美政治体系、经济发展、外交政策等时进行价值观的引领。在教学中全面讲解西方两党制政体的历史和现状，同时引入我国的政体和制度，使学生感受我国社会主义政治制度的优越性，引导学生树立正确的价值观，理解民主、自由、平等的真正含义。介绍英美经济发展和外交政策，使学生更清醒地认识到我国现阶段所面临的现实问题，激发他们的责任担当意识。

（二）问题导入

以"问题导入"开展互动型教学，有助于学生进行思辨型深度学习。"互动"帮助学生将知识理解、思想观点表达、外语语言能力提升融为一体[①]。采用"问题导入"有

---

① Gass S M, Mackey A. Input, Interaction and Output in Second Language Acquisition. Theories in Second Language Acquisition: An Introduction. Mahwah: Lawrence Erlbaum Associates, 2007.

利于构建有效的课堂互动，其核心在于"问题设计"。Wilen[1] 提出了"问题层次"和"提问技巧"两种研究模型，强调教师的"问题设计"对于提问效度具有重要影响。问题层次包含四个方面：一是获取知识型，指事实性记忆与方法界定；二是应用知识型，指应用概念来回答问题；三是分析能力型，指论证和复杂推理等战略性思维能力；四是论证能力型，指运用所学知识来解决现实问题的拓展性思维能力[2]。

本研究认为教学任务设计的"问题层次"，要强调面向"思政"并促进课堂"互动"。"问题导入"应该在"问题层次"上有一定创新，确保所设计的"问题"在知识体系和学生思维拓展层面均达到一定深度，同时结合思政教育，使学生能够深度学习，取得预期效果。这也将要求并有利于学生把静态文化学习转化为动态认知，将学到的知识真正地"用"起来。例如：在讲授美国史中哥伦布发现新大陆时，以问题"哥伦布发现的这片大陆是'新大陆'吗"引入，引发学生的思考。学生会很快得出否定的答案，同时也会提出一个问题："那为什么叫'新大陆'呢？"由这个问题导入课堂学习。通过课堂学习和师生互动，学生能主动找到答案："新大陆"的命名是以欧洲为参照物的，所谓"新大陆"是欧洲人以前不知道的大陆，并以此认识到"新大陆"是当时"欧洲中心论"的体现。学生在这个过程中可以学会独立思考，正确看待世界文化。

（三）融合性知识讲授

融合性知识讲授指将课程知识传授、课程思政元素与思辨能力培养有机融合，包括任务驱动、开放性知识讲解和润物无声的世界观引领，主要分三步实施。

第一，教师通过"问题导入"呈现本堂英美文化教学内容，并提出挖掘文化现象背后的实质、中西对比等任务，激发学生深入学习英美文化知识，提升认知中国文化的主动性。

第二，教师实施开放性教学。（1）通过文本信息讲解、多维提问等模式，引导学生进行小组学习、小组讨论，对课本内容进行辨析和总结，提高思辨能力。例如，在讲解美国"西进运动"时，不仅让学生明白"西进运动"是美国历史上的重要发展阶段，其间美国国力不断增长、新的州不断形成，也让学生看到其本土的印第安人在"西进运动"中被驱赶、被屠杀的事实。引导学生去思考、去辨析、去认清事实：美国"西进运动"中的领土扩张之旅也是印第安人的血泪之旅，伴随着印第安人的家园丢失、惨遭屠戮。同时，鼓励学生反思、分析自己在小组讨论前后的认知差异。（2）通

---

① Wilen W W. Questioning Skills for Teachers. Washington: National Education Association, 1991.

② Webb N L. Criteria for Alignment of Expectations and Assessments on Mathematics and Science Education. Washington: Council of Chief State School Officers, 1997.

过课堂演讲的形式鼓励学生在自己感兴趣的领域进行探索、辨析、总结，以多种形式在课堂上呈现自己的研究，以此实现知识目标、能力目标和思政目标的内化。

第三，通过中西比较进行价值观、世界观塑造。在了解美国的"西进运动"后，让学生对比中国的西部开发建设，了解我国的少数民族政策，让学生清楚地认识美国在人权问题上所谓的"人人平等"，认清美国发展背后的真相。同时，对比我国五十六个民族是一家的大融合、国家的攻坚脱贫举措，深化社会主义核心价值观，增强学生对中华文化的认同感和自豪感。

（四）驱动性课外延展

"英语国家概况"的教学课时（每周两学时）有限，课上能呈现的内容也有限，仅通过课堂教学难以有效实现全面育人的目标，只有开拓教学途径、延展课堂教学内容，才能让课堂变得有广度、有维度。学生只有在实践活动中不断思考、辨析、总结，才能真正地提升自身的思辨水平，内化思政目标。

目前，很多线上学习平台和与教学相关的 App 可为教学提供大量的有效资源，拓展教学途径。但面对海量的资源，学生更需要教师的及时引导。所以，任务驱动型的课外延展尤为重要。教师可结合课堂内容、思政目的等提出任务要求。如在讲英国历史时涉及曾经在欧洲大暴发的黑死病，课上没时间展开，就让学生在课后查阅欧洲历史，总结黑死病给当时的欧洲带来的重创及其引发的欧洲格局变化、对历史进程的影响，让学生能读史以明今，并让学生分析中美应对新冠疫情的不同方略，分析其原因，以此激发学生的文化自豪感和社会主义制度的自豪感。

此外，教师也可布置小组学习任务，鼓励生生之间通过小组讨论、整合资料和小组汇报等方式深化学习内容，同时培养学生的协同合作能力，训练和培养学生的思辨能力。如讲解苏格兰的政治制度时，课上提到了公投（referendum）的概念，可以让学生课下分头查阅英国历史上公投的次数、原因、结果、效果等，然后分析公投制度的利弊，思考这种制度是否适合我国国情，并以小组为单位形成报告。通过这一活动，学生能够从多维度思考问题，了解我国国情，辩证、理性地吸收西方文化。

（五）教学评价

教学是从明确教学目标、实施教学，到进行教学评价的闭环。教学目标决定教学活动的类型，教学活动决定教学评价的方式，而教学评价又会反作用于教学目标的制定。在英美文化教学中融入思辨能力培养和思政元素的实效尚需教学评价确认，同时也需要根据教学评价反思改进教学活动。

英美文化知识的测评相对容易，但对思辨水平、思政元素内化的考核需要针对教学活动调整考核方式，增加形成性评估比重，构建动态的测评方式。基于美国学者 Spady 提出的产出导向教育理念，我们确立了新的课程考核评价体系，其中形成性评价占总成绩的 50%。通过形成性评价，教师可及时获得教学过程中的连续反馈，为改变教学策略、改进教学方法、调整教学计划提供参考。同时教师根据学生课堂演讲、课后个人任务、小组合作等方面的表现，客观、公正地进行记录、评价，将思辨能力和思政内化的评价标准融入形成性评价中，进行动态考核。

在课堂演讲的任务布置中突出文化思辨，涉及英美文化介绍、中西方文化比较等内容，要求学生展示内容充实，逻辑性强，呈现自己的观点和思考；课后个人任务可要求学生根据本学期所学的内容，选取自己最感兴趣的方向进行深度探索，并撰写论文；小组合作中注重协调合作能力，教师可以引导小组成员之间进行相互评价。在这样的动态考核中，学生的兴趣得到了激发，在各种探索研究任务中，学生的成就感得到了满足，这样的教学评价在达到教学目标完成度测评的同时，也促进了教学活动开展。

四、结语

在当今全球文化不断交融、价值观不断碰撞的时代，英美文化教学中课程思政和思辨能力培养的融入尤为重要。我们在教学实践中，通过不断的改善和提高，构建了将"思政"与"思辨"融入英美文化课堂教学的模式，实现了知识层面的显性教育与思想政治层面的隐性教育的统一。将思政教育和思辨能力培养融入教学的各个环节，使学生在建构完整知识体系的同时提高对英美文化的思考和辨别能力。在课程思政的建设中，教师也要不断更新育人理念，提高自身思想认知水平，使英美文化课程与思政课程同向同行，在厚植民族情感、形成文化自信的同时提高学生对多彩世界文化的欣赏能力，使中西文化在课堂上各得其美。

Study on the Teaching Mode of Integrating Ideological-Political Education with Critical Thinking in British and American Culture Course

Abstract: Rooted in the notion of "curricula of integrated ideological and political education", this article will explore a teaching mode of combining ideological and political education with the cultivation of critical thinking ability in the course of British and American culture. Specifically, on the basis of discussing the history, geography and the other aspects of

English-speaking countries, we should also let students know more about excellent Chinese traditional culture, at the same time integrate socialist core value; Besides knowledge and language training, we also pay attention to the cultivation of students' critical thinking ability. In order to achieve the unification of the multiple teaching objectives, we will construct a teaching model with "ideological-political education" as the goal, "critical thinking" as the guide, under the path of "teaching-material reconstruction" "question leading" "blended explaining" "task-driven extension", in the hope of cultivating innovative talents with patriotism and global vision.

Key words: British and American culture teaching; Ideological-political education; critical thinking

"理解当代中国"德语教材对促进我国
对外话语体系建设策略研究①

潘　地

（燕山大学外国语学院，河北 秦皇岛 066000）

摘要： 随着中国在国际舞台上的影响力逐渐扩大，中国文化和价值观的国际传播日益重要。"理解当代中国"德语系列教材致力于介绍中国的当代社会、文化和价值观。本文首先介绍了中国对外话语体系建设的背景和重要性，强调了教材在传递准确和全面的信息方面的关键作用。其次，探讨了"理解当代中国"系列教材的特点和内容设计。最后，通过具体的教学案例，为德语学习者更好地理解和认识当代中国提供有益的教学模式和经验。

关键词： 当代中国价值观；话语体系建设；"理解当代中国"德语系列教材

一、研究背景和意义

在全球化背景下，国际传播对于一个国家的软实力和国际影响力至关重要。话语是一种文化和价值观的表达方式，是国家形象和核心价值观的载体。因此，构建积极、自信、具有吸引力的对外话语体系，成为中国国际传播能力建设的重要一环。

在此背景下，"理解当代中国"多语种系列教材应运而生。"理解当代中国"德语

① 作者简介：潘地（1987—　），男，燕山大学外国语学院西语系副主任，硕士。研究方向：跨文化交际、教学法。

基金项目： 本文为燕山大学教学研究与改革项目"中国对外话语体系建设背景下'理解当代中国'德语教材教学模式研究"（2022XJJG102）的阶段性成果。

系列教材是一套专门为德语学习者设计的教材，旨在帮助学生更好地理解和认识当代中国，并能够用德语讲好中国故事。在中国国际传播能力建设中，该教材扮演着重要的角色，具有传播中国文化、塑造中国形象、促进中德交流与合作、推动中国价值观国际传播的作用和意义。

二、中国对外话语体系建设与价值观传播

（一）新时代中国话语体系的核心价值观

当代中国话语体系是指在新时代背景下，中国对外传播所形成的一套完整、系统的话语体系。它是中国国际传播的核心内容，是中国形象和价值观在国际舞台上的表达方式。该话语体系蕴含着中国的文化、历史、制度、发展理念和价值观，体现着中国共产党的领导地位和中国人民的共同愿望[1]。

新时代中国话语体系的核心价值观体现了中国社会主义核心价值体系在国际传播中的重要地位。这些核心价值观贯穿于中国的对外话语体系，是国际传播的灵魂和基石。新时代中国话语体系的核心价值观应该包括：爱国主义与民族精神，坚守国家主权与尊严[2]；倡导和平合作，反对武力解决争端[3]；坚持开放包容，推动共建共享；重视绿色可持续，促进生态文明建设；维护公平正义，反对霸权强权[4]。

新时代中国话语体系的特点和构建体现了中国在国际传播中的定位和理念。这一体系以多元文化为基础，强调和平、合作、共赢的价值观，以及爱国主义、开放包容、绿色可持续、公平正义等核心价值观，为中国在国际舞台上展现积极形象、推动国际合作、传递中国价值观提供了有力支撑。

（二）话语建设与中国价值观国际传播的关联

1. 话语对价值观传播的影响和作用

话语是一种文化传承和价值观念表达的重要方式，对于中国价值观在国际传播中的影响和作用至关重要。话语建设涉及对语言、文字、符号等传播方式的选择和运用，

① 孙伟平，孙晓静：《当代中国话语体系建设与社会主义核心价值观"走出去"》，《当代中国价值观研究》，2018 年第 4 期，第 82—89 页。

② 谭绍江：《中国精神与中国话语体系的守正创新》，《湖北经济学院学报》，2023 年第 21 期，第 5—12 页。

③ 贾文山，刘长宇：《从中国国际话语体系建设的三个维度建构"全球中国"话语体系》，《西安交通大学学报》，2020 年第 40 期，第 134—143 页。

④ 孙清华：《中国话语体系的时代境遇与应对策略——以人权话语的发展为例》，《关东学刊》，2016 年第 2 期，第 104—111 页。

通过精心构建合适的话语，可以更好地传递和表达中国的核心价值观。建立有效的国际话语体系能够达到以下效果。（1）塑造国家形象：话语对于国家形象的塑造有着直接的影响。通过选择积极、真实、多样化的话语来传递中国的文化、历史、社会制度和发展成就，有助于在国际社会上树立正面的中国形象，增强国家的吸引力和影响力。（2）推动价值观认同：话语在国际传播中是传递价值观的重要媒介。通过灵活运用话语，使中国价值观更加贴近国际受众，使他们对中国的文化和价值观产生认同和共鸣[①]。（3）反击负面言论：话语建设也有助于应对国际上对中国的负面言论和误解。通过积极主动地传播正面话语，及时澄清误解，回应国际社会的质疑，促进国际社会对中国的正确认知。

2. 话语主体的选择与价值观传播的效果

在国际传播中，话语主体的选择将对价值观传播的效果产生影响。话语主体的选择是指在特定时刻选择发表观点、传递信息的个体、组织或国家。这个选择不仅是一种表达方式，更是价值观传播的关键环节。话语主体的身份、权威性和声誉及其所代表的背景和利益，都会直接影响所传达价值观的被接受程度和效果。

在塑造和传播中国价值观与国际形象的过程中，多元主体协同作用，形成了全方位、多层次的传播格局。政府及领导人作为核心力量，通过高层次的国际交往与媒体平台，传达国家立场与核心价值，为国际社会提供权威视角与深度解读。公众与民间组织则以其广泛性和多样性，展现普通中国人的生活面貌与价值追求，丰富了国际社会对中国的认知维度。学术界和文化界作为知识与文化的传承者与创新者，通过深入研究与艺术创作，深刻阐述中国的思想精髓与人文魅力，为价值观传播提供坚实的理论支撑与文化底蕴。而国外留学生作为文化交流的桥梁与使者，其亲身经历与独特视角为国际社会提供了更为鲜活、真实的中国印象，促进了跨文化主体的相互理解和尊重。这些主体相互补充、相互促进，共同构成了中国价值观与国际形象传播的立体网络。

话语建设与中国价值观国际传播密切相关。通过选择合适的话语方式和话语主体，能够有效塑造国家形象，推动价值观认同，反击负面言论，从而在国际社会上增强中国的软实力和国际影响力。

三、"理解当代中国"德语系列教材的特点和内容分析

"理解当代中国"德语系列教材内容的结构和组织遵循了产出导向的教学原则，强

[①] 王振杰，张贵星：《文化自信视阈下中国话语体系对外输出研究——基于集体与个体的二维视角》，《山东农业工程学院学报》，2018 年第 35 期，第 116—119 页。

调了当代中国价值观的传播和话语体系建设。

（一）中国价值观的表达和传播

"理解当代中国"德语系列教材通过精心编排的主题内容、理论与实践相结合的教学方法、丰富的教学资源以及广泛的教学试用与专业评审，有效传播当代中国核心价值观与发展成就，提升学习者用德语讲述中国故事、传播中国声音的能力。

该系列教材传播当代中国价值观的特点主要体现在以下几个方面。（1）引导学习者了解中国的核心价值观：教材中特别强调介绍中国的核心价值观，如和平、发展、合作、共赢等。通过教材的内容和案例，学习者可以深入了解这些价值观在中国社会的重要地位，以及在中国人民生活中起到的作用。（2）推崇中国传统文化："理解当代中国"德语教材强调推崇中国传统文化，并将其作为传递价值观的重要载体。通过介绍中国的传统价值观和思想，教材传达中国传统文化的深厚底蕴和对现代社会的影响。（3）引导学习者形成全球视野：教材鼓励学习者拓展视野，关注全球问题。通过介绍中国在全球治理中的角色和贡献，学习者可以了解中国积极参与全球事务，推动构建人类命运共同体。

（二）"理解当代中国"德语系列教材的内容与中国话语体系的契合度

"理解当代中国"德语系列教材的内容应与中国话语体系相契合，即在语言风格、表达方式和文化内涵上与中国的国际传播策略相一致。

"理解当代中国"德语系列教材内容与中国话语体系的契合度体现在以下几个方面。（1）语言风格的契合：教材在语言风格上与中国话语体系相契合。这包括用词的准确性、语法的规范性和语气的恰当性等方面。教材所使用的德语表达能够恰当地传递中国的核心价值观和文化特点。（2）表达方式的契合：教材的表达方式应与中国话语体系相契合。中国国际传播注重多样化的表达方式，如讲故事、演示、互动等，而不仅仅是简单的传递信息。教材通过多样化的内容形式和实践性的教学活动，使学习者更好地理解中国的文化和价值观。（3）文化内涵的契合：教材传递了中国的文化内涵，让学习者了解中国的传统文化、历史背景和社会习俗。同时，教材也准确反映了中国当代社会的发展和变化，让学习者了解中国的现实生活和发展成就。

四、"理解当代中国"德语系列教材在教学实践中的应用

为了推动中国价值观的传播，外语人才应当具备话语引导和传播能力，能够通过外

语有效地传递中国的核心价值观，增强中国的国际话语权。笔者的教学团队在充分分析"理解当代中国"系列教材的特点与专业课程契合度的基础上，将部分内容融入"中国文化""高级德语Ⅲ""高级口译""笔译理论与实践"四门德语专业课程当中。

"理解当代中国"系列教材《德语读写教程》的第二课"美丽中国"通过深入探讨中国生态文明建设的理念与成就，结合理论与实践的教学方法，不仅提升了学生的德语语言能力，还增强了他们对中国文化的理解和传播能力。因此，笔者将其在"高级德语Ⅲ"课程中的实际运用为案例，阐释该教材对我国在外话语体系建设方面所发挥的作用。

（一）话语体系目标

让学生掌握"生态文明建设"和"环境保护"相关核心概念的表达方式，掌握复述的结构和口头报告表达手段；能够用德语讲述中国的生态环境保护政策、社会主义生态文明观、生态文明建设与建设美丽中国的关系以及建设生态文明的全球意义。

（二）教学方法

采用任务驱动法，组织学生以小组的形式完成阅读任务，阅读后完成教师提出的问题并在组内对相关话题进行讨论。

（三）教学过程

话题导入：通过对联合国气候大会以及《京都议定书》《巴黎协定》的介绍，强调环境保护的重要性，进而提出我国在环境保护中所作的努力，引出本次课程主题——我国生态文明建设"五位一体"总体布局。

阅读训练与讨论：

（1）分组：教师将学生分成 5 组，每组独立完成文章前 4 个段落的阅读。

（2）阅读：要求学生在规定时间内完成阅读任务，并在组内讨论文章内容，回答教师提出的问题，限时 25 分钟。

（3）讨论：通过学生对文章内容的讨论，引领学生在完成阅读训练的同时形成初步思考，即建设生态文明的重要性和紧迫性，限时 20 分钟。

教师串讲：学生完成阅读任务后，教师对文章知识点进行串讲和总结，帮助学生更好地理解文章的同时，通过举例子和讨论的方式，锻炼学生的思辨能力，引领学生进行归纳总结。再对"生态文明建设"和"环境保护"相关核心概念表达方式进行讲解和归纳，帮助学生掌握复述的结构并熟练应用口头报告表达手段。

课后任务：学生按小组完成文章剩余部分的阅读，并按照重点分别进行资料搜索、总结，完成教师布置的任务，形成书面报告，并做好下次课进行展示的准备。

（四）话语体系构建分析

教师在"理解当代中国"系列教材应用过程中，把握"时"与"势"，在立德固本中稳基石；把握"外"与"融"，积极创新新时代外语人才培养路径；把握"知"与"行"，充分发挥外语专业优势，努力构建外语话语体系，推动世界读懂中国。具体话语体系建设过程包括：

（1）引入环节：通过对联合国气候大会和对《京都议定书》《巴黎协定》的介绍，说明建设生态文明的重要性，引发学生思考的同时，通过词汇卡让学生掌握关于生态文明建设、气候峰会、"五位一体"总体布局等核心词汇。

（2）阅读环节：实现阅读技能训练与话语体系建设的有机结合；基于对阅读材料内容的挖掘，通过组内回答问题和讨论将核心词汇及常用表达方式融入阅读训练之中。

（3）讨论环节：教师以生态文明建设主题为核心设计讨论问题，引导学生组内对生态文明建设的重要性和我国所作的积极努力进行分析和讨论，引导学生进行深入思考，并通过词汇卡让学生初步掌握相关词汇和表达方式，实现阅读技能训练与话语体系建设的有机结合。

（4）精讲环节：教师通过对文章内容、讨论话题和与生态文明建设相关核心词汇的讲解以及课后习题，让学生在课堂中即时掌握相关重要词汇和表达方法，为课后自主学习和运用打下基础。

（5）作业环节：将学生分成 5 组，完成文章剩余部分的阅读，要求学生对其中一个段落进行精读，并搜集资料，结合课堂中学到的口头报告表达方式，准备口头报告。这样可以让学生将所学的中国特色话语知识运用到实践当中，达到学以致用的目的，并且对课文主题进行进一步扩展，让话语体系建设与课堂内容形成呼应。

通过以上教学实践，将"理解当代中国"德语系列教材有机地融入德语专业课堂，能够帮助学生更深入地了解中国文化和价值观，增强对中德跨文化交流的理解能力，提升学生的话语表达技巧与传播中国价值观的能力，从而进一步促进中德两国之间的友好合作与交流。

近年来，我国一直在强调国际话语传播的重要性，在话语体系建设和国际传播中也取得了长足的发展。中华五千年的文明积淀为我国国际传播提供了丰富的资源。对于这些资源的挖掘和利用还有待加强。另外，在国际传播人才的培养方面，亟须建设一支具备外语能力、传播学知识以及全球视野的高素质人才队伍①。针对这些问题，笔者认为可以采取以下措施来促进我国话语体系建设：首先，要加强国际传播的内容建设，注重传播内容的真实性、丰富性和吸引力，讲好中国故事，体现中国价值。其次，建立多主体、多渠道的传播格局，鼓励民间组织、高校、企业等参与国际传播，实现更加多元化的传播形式。再次，要充分利用新媒体平台，以短视频、动漫等形式传递信息，增强传播形式的亲和力和感染力。最后，要加大对国际传播人才的培养力度，利用好"理解当代中国"系列教材，培养具备语言能力、传播学专业知识和全球视野的专业人才，从而更好地推动我国国际话语体系的建设②。

五、结语

中国价值观的国际传播仍然面临着很多挑战和机遇。随着中国的国际地位不断提升，中国价值观将更加受到关注和理解。在这一背景下，"理解当代中国"德语系列教材作为德语教学的重要资源，在促进中国价值观国际传播中具有重要作用。德语教师应融合多元教学资源、实施项目式教学、强化跨文化交流，利用好"理解当代中国"系列教材，同时利用技术手段优化教学，以全面提升学生的德语语言能力、文化理解力和国际传播能力。培养复合型外语人才，提高他们的综合素质和话语引导能力，可以让中国价值观在国际传播中更具说服力和影响力。同时，要积极推动文化交流和跨文化理解，让不同文明在相互尊重和包容中共存，共同促进人类文明的繁荣与发展。只有在全球互联互通的环境下，中国价值观才能真正走向世界。

Understanding Contemporary China: a German Version Textbook for Promoting Research on China's Strategy for Constructing Its Foreign Discourse System

Abstract: As China's influence on the international stage continues to expand, the importance of promoting Chinese culture and values abroad becomes increasingly prominent. The German version of the textbook *Understanding Contemporary China* is dedicated to introducing China's contemporary society, culture, and values. This paper begins by outlining the background and significance of China's foreign discourse system construction, emphasizing the crucial role of textbooks in conveying accurate and comprehensive

---

① 郑保卫，王青：《当前我国国际传播的现状、问题及对策》，《传媒观察》，2021 年第 8 期，第 13—19 页。
② 韩震：《社会主义核心价值观的话语构建与传播》，北京：中国人民大学出版社，2019。

information. Subsequently, it explores the characteristics and the content design of the Understanding Contemporary China textbook. Finally, through the specific teaching case, this paper offers beneficial teaching models and experiences for German learners to understand contemporary China better.

Key words: contemporary Chinese values; discourse system construction; German version textbook *Understanding Contemporary China*

外国文学与翻译研究

基于语料库的葛浩文夫妇合译毕飞宇小说风格研究①

郭玉莹 侯 羽

（燕山大学外国语学院，河北 秦皇岛 066004）

摘要： 本研究自建"毕飞宇小说汉英平行语料库"，从译文语言和翻译策略两方面考察葛浩文夫妇合译风格，并将其与刘震云小说合译本、葛浩文莫言小说独译本和林丽春尤金小说独译本进行比较，得出三点主要发现：一是毕飞宇小说合译本在标准类符/形符比值、平均词长、平均句长、中英文句子翻译主要对应类型、报道动词翻译策略上均基本一致；二是葛浩文夫妇以欠量翻译和句法直译毕飞宇小说为主，这与其合译的刘震云小说相似；三是毕飞宇小说合译本的宏观语言形式特点和报道动词"说"合译策略与林丽君的尤金小说独译本一致。本研究认为毕飞宇小说合译本风格既是林丽君合译这些小说第一稿和她本人翻译策略作用的结果，也是葛浩文对林丽君尊重的结果。本研究建议中国文学"走出去"应尝试国内译者主译的更多合译模式和通过翻译教学及实践培养出更多高质量合译人才。

关键词： 语料库；译者风格；葛浩文夫妇合译；毕飞宇小说

翻译一直以来被视为个人的行为或活动，事实上，合作翻译一直都是常见的翻译现象。在我国的佛学、科技、政治、文学等领域中，合译普遍存在；国际上，2009 年国际翻译家联盟翻译日、2020 年国际权威翻译期刊《视角》第 2 期、2021 年亚太翻译论

① 作者简介：郭玉莹（1997—　），女，燕山大学外国语学院硕士。侯羽（1979—　），男，燕山大学外国语学院教授，博士。研究方向：语料库翻译学。

基金项目： 本文受 2022 年度河北省高等教育英语教学改革研究与实践项目"新文科视域下'语料库翻译理论与实践'课程教学模式建构和电子资源库建设"（2022YYJG012）和 2024 年河北省研究生教育教学改革研究项目"数字人文视域下翻译研究课程模式构建和资源库建设"（YJG2024023）的资助。

坛均将合译定为主题。回顾历史、关注学术研究和观照职业现实，对翻译界乃至整个社会都具有重要意义。国内学界和行业对合译的重视程度与日俱增，2019 年国家社科基金中华学术外译项目开始要求建立中外编、译、学协同合作的团队制。就我国文化界和翻译界而言，目前基本上认同的翻译模式有两种，其中一种就是合译模式①。对于我国文学翻译，鲍晓英②指出黄友义认为合译模式很有必要，因为目前"能够从事中译外的外国人不够多，满足不了现实需求"，然而目前国内外合译实证研究均相当匮乏。

葛浩文被誉为中国现当代首席翻译家，在 40 余年的翻译生涯中将近 40 位中国作家的 70 多部小说推向英语世界，为中国文学"走出去"作出了重大贡献。这些作品中，有 20 余部是与其夫人林丽君合译完成的，可谓是中国现当代文学合译典范。目前学界对于葛浩文夫妇的合译研究比较少，这与其作为合译典范的地位不相称。那么，其夫妇二人合译不同作家的风格和翻译策略是怎样的？这与二者各自所崇尚的翻译风格和策略是否有不同？为此，本文首先简述了国内合译研究现状，基于自建的"毕飞宇小说汉英平行语料库"考察葛浩文夫妇合译毕飞宇小说的独特风格，以期为中国文化"走出去"翻译实践提供些许启示。

一、国内外合译研究述评

翻译包括独译和合译，独译指翻译和润色完全由一个人负责，而合译指不同的译者共同翻译同一部著作，但彼此分工不同或角色有异，每位译者既要各负其责，又要协同合作③。就国外合译研究而言，现有针对合译作品文体特征的研究大多数集中在社会文化方面④⑤。2017—2022 年国内合译研究以描述性、中译外、文学作品和定性研究为主。这 5 年的发文量呈增加趋势，合译视角有明显调整⑥，年均发文量 9.4 篇，不仅远超梁林歆和许明武⑦统计的 1981—2016 年年均 2.4 篇的发文量，也超过 2010—2016 年年均 9 篇的发文量；合译视角也从此前的多半关注外译汉，转变为主要关注汉译外。然

---

① 刘云虹，许钧：《文学翻译模式与中国文学对外译介——关于葛浩文的翻译》，《外国语》，2014 年第 3 期，第 6—17 页。

② 鲍晓英：《中国文化"走出去"之译介模式探索——中国外文局副局长兼总编辑黄友义访谈录》，《中国翻译》，2013 年第 5 期，第 62—65 页。

③ 张德让：《合译，"合一"》，《中国翻译》，1999 年第 4 期，第 26—29 页。

④ Rybicki J, Heydel M. The Stylistics and Stylometry of Collaborative Translation: Woof's Night and in Polish. Literary and Linguistic Computing, 2013(4): pp.708-717.

⑤ Diao H. Homogenized Literary Co-Translation: A Hero Born and Bond Undone. Across Languages and Cultures, 2022(1): pp.92-110.

⑥ 侯羽，王亚娜，曲凌熙：《葛浩文夫妇合译策略实证研究——以毕飞宇和刘震云小说意象话语英译为例》，《西安外国语大学学报》，2022 年第 1 期，第 97—102 页。

⑦ 梁林歆，许明武：《"合而有益，译有所为"：国内合译研究现状探析》，《上海翻译》，2019 年第 4 期，第 28—33 页。

而，研究所采用的方法依旧匮乏，仍以定性研究为主，因此应该加强数据支撑和语料库方法运用。

葛浩文夫妇合译研究包括合译过程、策略和风格研究。就合译过程而言，葛浩文与林丽君[1]专门进行了介绍：林丽君负责第一稿，翻译速度较快，侧重于表达原文的语义，而非找到准确的译语词汇来表达，而葛浩文负责对照原文审读第一稿，将有不同理解、不同译法的地方标出来，并在必要时查阅参考资料；接下来他们开始推敲最恰当的翻译结果，并不时参考原文，若遇到有不同意见的地方，由林丽君决定原文语义，葛浩文决定译文表达，如果仍无法达成一致或再有问题出现，他们会向作者咨询。对于葛浩文夫妇的合译策略和风格，相关研究者不多，有张琳琳[2]、阮敏[3]、侯羽和胡开宝[4]、侯羽和王亚娜等[5]。侯羽和胡开宝[6]是少有采用语料库方法进行研究的，他们发现葛浩夫妇合译的刘震云小说相较于葛浩文独译的作品具有一定独特性。侯羽和王亚娜等[7]发现葛浩夫妇合译毕飞宇和刘震云小说的意象话语策略与葛浩文独译的策略差异较大，但与林丽君独译的策略较为相近。然而，要对夫妇合译策略和风格与林丽君独译风格是否相近下结论，还需要更多作品和考察项来支持。

二、研究设计

本研究语料包括毕飞宇的三部小说（《青衣》《玉米》和《推拿》）原文及葛浩文夫妇的合译本，旨在回答以下两个主要问题。第一，葛浩文夫妇合译的毕飞宇小说风格存在怎样的独特性？第二，影响葛浩文夫妇合译的毕飞宇小说风格的因素有哪些？

本研究采取语料库、定量和数理统计、比较和定性的研究方法，自建"葛浩文合译毕飞宇小说语料库"，并运用语料库研究法获取词汇和句子层面语言形式的特征数据；采用定量方法获取中英文文字量比值、主要句对类型和报道动词"说"合译方法数据；采用比较法比较葛浩文夫妇合译小说风格和葛浩文夫妇各自独译风格，并结合

① Goldblatt H, Lin L. The Collaborative Approach. In The Art of Empathy: Celebrating Literature in Translation, 2014: pp.18-21.
② 张琳琳：《从"青衣"等京剧术语的英译看文化翻译的归化和异化》，《上海翻译》，2013 年第 4 期，第 41—43 页。
③ 阮敏：《葛浩文〈我不是潘金莲〉创造性翻译风格研究》，《杭州电子科技大学学报》，2017 年第 5 期，第 56—59 页。
④ 侯羽，胡开宝：《基于语料库的葛浩文夫妇合译风格分析——以刘震云小说英译本为例》，《燕山大学学报（哲学社会科学版）》，2019 年第 1 期，第 32—41 页。
⑤ 侯羽，王亚娜，曲凌熙：《葛浩文夫妇合译策略实证研究——以毕飞宇和刘震云小说意象话语英译为例》，《西安外国语大学学报》，2022 年第 1 期，第 97—102 页。
⑥ 侯羽，刘泽权，刘鼎甲：《基于语料库的葛浩文译者风格分析——以莫言小说英译本为例》，《外语与外语教学》，2014 年第 2 期，第 72—78 页。
⑦ 侯羽，王亚娜，曲凌熙：《葛浩文夫妇合译策略实证研究——以毕飞宇和刘震云小说意象话语英译为例》，《西安外国语大学学报》，2022 年第 1 期，第 97—102 页。

独立样本 *t* 检验方法，揭示葛浩文夫妇合译毕飞宇小说风格的独特性；采用定性方法对影响葛浩文夫妇翻译风格的因素进行分析。

三、葛浩文夫妇合译毕飞宇小说的风格

（一）词汇层面

译文的词汇变化反映了译者的词汇丰富程度，是译者风格的直接体现。葛浩文夫妇合译的毕飞宇的三部小说中，《青衣》译本标准类符/形符比值最高（44.43），《推拿》译本最低（42.38），两者差异具有统计显著性（*p*=0.012 ＜ 0.05）。这可能与原文本词汇丰富度有关，因为《青衣》原文的标准类符/形符比（48.71）明显高于《推拿》标准类符/形符比（38.59）。据侯羽和胡开宝统计，葛浩文夫妇合译的刘震云小说英译本中标准类符/形符比低于毕飞宇小说英译本，这说明后者用词丰富和多样。此外，《青衣》和《玉米》英译本的标准类符/形符比值（44.43，44.38）均高于 Brown 文学子库（44.22），说明葛浩文夫妇合译的毕飞宇小说英译本用词较为丰富和多样。

原文与译文文字量比例也是译者风格的一般标记。如果将该比例设一中间值，超过该比例越多，可认为是越接近过量翻译；低于该比例越多，可认为是越接近欠量翻译。据王克非的考察，汉译英文学翻译中常见英汉文字量比例范围为 0.67—0.8。《青衣》合译本属适量翻译（0.71），而《玉米》和《推拿》合译本均属欠量翻译（0.65，0.59）。《玉米》中的主角受教育程度低，粗俗语较多，而译者一定程度上采用省译，导致译文欠量。《推拿》中露骨描写较多，译者采用大量省译，导致译文欠量。

高频词是文本中出现频率较其他词语更高的词语，"是文本的主体部分，是译者风格研究的重要内容之一"[①]。表 1 为毕飞宇小说合译本中前 6 位高频实词统计结果，均涉及 4 个名词、1 个动词和 1 个介词，动词均为 "said"，介词均为 "like"。据侯羽和胡开宝[②]统计，刘震云小说合译本前 6 位高频实词中也均包含动词 "said"，这说明它们明显属于小说类文体，小说文体在叙述时多用 "said" 来报道人物话语。可见，葛浩文夫妇合译书中 "said" 较为重要。对此，本研究将在后文具体探讨葛浩文夫妇报道动词"说"的合译策略。相较于刘震云，毕飞宇小说合译本中高频词包含介词 "like"。分析发现，"like" 主要为介词，例如 "look like""feel like""seem like" 等，其次是连词，

---

① 冯庆华：《思维模式下的译文句式初探——以〈红楼梦〉的霍译与杨译为例》，《外语电化教学》，2014 年第 6 期，第 3—11 页。

② 侯羽，胡开宝：《基于语料库的葛浩文夫妇合译风格分析——以刘震云小说英译本为例》，《燕山大学学报（哲学社会科学版）》，2019 年第 1 期，第 32—41 页。

用作动词的情况较少，如"like this"等。

表 1　毕飞宇小说合译本中前 6 位高频实词统计结果

《青衣》		《玉米》		《推拿》	
Yanqiu	1.00%	Yumi	1.20%	Sha	0.40%
like	0.47%	wang	0.60%	Xiao	0.37%
Bingzhang	0.30%	said	0.40%	like	0.36%
said	0.28%	wife	0.38%	Du hong	0.33%
time	0.26%	youqing	0.35%	said	0.31%
chunlai	0.25%	like	0.30%	Wang	0.31%

通常来说，词长反映用词的复杂程度，词长与词汇难度成正比。文本的平均词长越长表明该文本中的长词越多，所以译文平均词长可作为判断其难易度的标准之一。

表 2 为毕飞宇小说合译本的主要词长分布结果。三个译本中占比最大的均为 3 个字母的单词，其后依次为 4、2、5 和 6 个字母单词。这五种单词占比之和均占各译本单词数的 78% 以上，说明三个译本的词汇均不复杂。据刘泽权和汤洁①统计，Brown 文学库平均词长占比依次为 3、4、2、5 和 6 个字母单词，刘震云小说合译本平均词长占比排序也依次为 3、4、2、5 和 6 个字母单词，这说明毕飞宇小说合译本词长特点与刘震云小说合译本一致，并与美式英语原创小说接近。

表 2　毕飞宇小说合译本主要词长分布

单词字母数	《青衣》	《玉米》	《推拿》	单词字母数	《青衣》	《玉米》	《推拿》
1 个字母	3.4%	2.9%	3.9%	6 个字母	9.2%	8.9%	8.0%
2 个字母	14.2%	14.2%	15.9%	7 个字母	7.8%	7.0%	6.6%
3 个字母	25.9%	25.7%	25.3%	8 个字母	4.2%	4.4%	3.9%
4 个字母	18.8%	19.8%	20.0%	9 个字母	2.7%	2.6%	2.3%
5 个字母	10.7%	10.8%	11.2%	10 个字母	1.5%	1.5%	1.4%

（二）句子层面

翻译考察的基本单位是句子，因此从平均句长和平均句段长以及中英文句子主要句对关系三方面对三个译本进行考察，有助于进一步揭示葛浩文夫妇合译风格特点。本研究划分句子的标志包括句号、问号、感叹号和句末省略号，划分句段的标志包括逗号、分号、句号、冒号、问号和感叹号。

表 3 显示毕飞宇小说及其合译本句子 / 句段统计结果。《青衣》译本句长最长（16.1 个单词），《推拿》译本最短，两者相差近 2 个单词，这可能是葛氏夫妇受到原文句长

① 刘泽权，汤洁：《王际真与麦克休〈红楼梦〉英语节译本风格对比——基于语料库的考察》，《红楼梦学刊》，2022 年第 2 期，第 255—277 页。

特点影响的缘故，因为《青衣》平均句长最长，而《推拿》最短。《玉米》译本平均句段长最长（7.4 个单词），《青衣》和《推拿》译本的平均句段长均为 7 个单词，说明毕飞宇小说各个合译本平均句段长差异不大，这可能与中文平均句段长差异不明显有关。相较于 Laviosa[①]对英语译语平均句长统计结果（24.1 个单词）、侯羽等[②]对 Brown 文学字库平均句长统计结果（13.4 个单词），毕飞宇小说合译本均较接近美式英语原语，这说明它们具有明显的美国英语原创文本的特征。

表 3　毕飞宇小说及其合译本句子／句段统计结果　　　　单位：个

译本名称	英文句子／句段数	英文平均句单词数／平均句段单词数	中文句子数／句段数	中文平均句单词数／平均句段单词数
《青衣》	1525/3484	16.1/7.0	1514/3992	26.8/10.2
《玉米》	2054/4304	15.5/7.4	1776/5021	26.6/9.8
《推拿》	7731/15852	14.3/7.0	8233/19356	23.0/9.8

表 4 为毕飞宇小说中英文句子翻译主要句对类型统计结果。《玉米》中英文 1：1、1：2 和 1：3 比例在 3 本书中均最高，《青衣》次之，《推拿》最低。中英文 2：1 句对关系，《推拿》最高，《青衣》次之，《玉米》最低。同时，所有小说中英文 1：1 的句对类型数均排在首位，比例在 60% 以上，这说明葛浩文夫妇在句子翻译方面受原文影响很大，对原文叙述与篇章发展的遵从显著。以上统计结果表明，葛浩文夫妇在对主要句对类型的使用上保持了高度的一致性，倾向于句法直译，始终以句子为主要翻译单位。

表 4　毕飞宇小说中英文句子翻译主要句对类型统计结果

中英文主要句对类型	《青衣》	《玉米》	《推拿》
1：1	826 次（66%）	1097 次（68%）	4527 次（63%）
1：2	144 次（11%）	212 次（13%）	492 次（7%）
1：3	27 次（2%）	44 次（3%）	76 次（1%）
2：1	161 次（13%）	131 次（8%）	1128 次（16%）
合计比例	92%	92%	87%

（三）报道动词"说"合译策略

报道动词是重要的转述信号，源语中的报道动词能够体现作者的话语与思想，译文中的报道动词同样可以凸显译者的翻译风格[③]。本研究发现葛浩文夫妇针对毕飞宇小

① Laviosa S. Core Patterns of Lexical Use in a Comparable Corpus of English Narrative Prose. Meta, 2011(4)：pp.557-570.

② 侯羽，刘泽权，刘鼎甲：《基于语料库的葛浩文译者风格分析——以莫言小说英译本为例》，《外语与外语教学》，2014 年第 2 期，第 72—78 页。

③ 赵秋荣，郭旭：《译者的明晰化策略研究——基于〈边城〉四译本报道动词"说"的考察》，《解放军外国语学院学报》，2019 年第 5 期，第 109—119 页。

说报道动词"说"的英译有三种翻译方式。第一种为等化翻译，指原文和译文语言形式大致相同或相似[1]，译文中多用"said"来报道人物话语。第二种为省译，即省略原文报道动词及说话者，被报道句以直接引语的形式出现。第三种为显化翻译，即译文中增添有助于读者理解的表达方式，或将原文隐含信息明晰化表达[2]。统计结果见表5。

表 5　毕飞宇小说报道动词"说"合译策略统计结果

作品	等化	省译	显化	总计
《青衣》	47/42%	33/30%	31/28%	111/100%
《玉米》	77/51%	42/28%	31/21%	150/100%
《推拿》	149/45%	122/37%	58/18%	329/100%

　　三部小说报道动词英译均遵循以等化为主、省译次之、显化最少的翻译策略。省译一般出现在两人多轮对话，或者说话者前有一系列动作或心理状态时。省译报道动词"说"，直接展现话语内容，优点是行文简练，能突出话论快速转换，增强读者在场感，并避免翻译腔，如例1和例2。

　　例1：老板不傲慢了，他把乔炳璋身边的客人哄到自己的座位上去，坐到乔炳璋的身边，右手搭到乔炳璋的肩膀上说："都快二十年了，怎么没她的动静？"[3]

　　译　文：Putting aside his arrogance, the factory boss talked the guest next to Bingzhang into switching seats with him, then laid his right hand on Bingzhang's shoulder. "It's been nearly twenty years. Why haven't we heard anything from her since then?"[4]

　　例2：三姑奶奶说："你倒说说，零是多少？"玉米说："零还是有的，就是这样一个结果。"[5]

　　译文："All right then, tell me how much is a zero."

　　"Zero is something. It's the solution to a math problem."[6]

　　《青衣》《玉米》和《推拿》的显化翻译占比分别为28%、21%和18%，在三种翻译方法中占比均最低。在报道动词译文种类方面，《青衣》有21种、《玉米》17种、《推拿》25种。《青衣》英译本中使用最频繁的三个报道动词为"said""asked"和

① 张智中：《异化·归化·等化·恶化》，《四川外语学院学报》，2005年第6期，第126—129页。
② 柯飞：《翻译中的隐和显》，《外语教学与研究》，2005年第4期，第303—307页。
③ 毕飞宇：《青衣》，杭州：浙江文艺出版社，2011年，第1页。
④ Goldblatt H, Lin L. The Moon Opera. New York: Houghton Mifflin Harcourt, 2009: p.1.
⑤ 毕飞宇：《玉米》，南京：江苏文艺出版社，2005年，第19页。
⑥ Goldblatt H, Lin L. Three sisters. New York: Houghton Mifflin Harcourt, 2010: p.28.

"muttered"（如例 3），《玉米》和《推拿》中均为 "said" "asked" 和 "replied"（如例 4）。分析发现三个译本中 asked 引导的报道小句均是疑问句，如例 5 和例 6 所示。可见葛浩文夫妇有意或无意地结合原文语境，试图将话语本质与话语情境相统一。

例 3：筱燕秋有些不好意思，瞥了一眼面瓜，笑了笑，却不停地掉泪，自语<u>说</u>："我就是难过。"①

译文：She stole an embarrassed look at him and smiled. "I feel sad，that's all," she <u>muttered</u> through an onset of tears.②

例 4：王大夫没有顺着竿子往上爬，笑着<u>说</u>："沙老板客气了。"③

译文：Rather than let the praise go to his head, <u>replied</u> with a smile, "Boss Sha is being nice to me."④

例 5：这时候对面的胖大个子冲着乔炳璋说话了，<u>说：</u>"你们剧团有个叫筱燕秋的吧？又高又胖的。"⑤

译文："Isn't there someone called Xiao Yanqiu in your troupe?" the large, heavyset man across from him <u>asked</u>.⑥

例 6：有庆家的<u>说</u>："飞行员快来相亲了，你这身衣裳怎么穿得出去。"⑦

译文："How can you dress like that when your aviator is on his way to meet you?" Youqing's wife <u>asked</u>.⑧

四、葛浩文夫妇合译毕飞宇小说风格与各自独译小说风格比较

（一）葛浩文夫妇合译毕飞宇小说与各自独译小说以及刘震云小说语言形式参数比较

以上考察了葛氏夫妇合译毕飞宇三部小说的风格及其一致性情况。接下来我们以刘震云三部小说葛氏夫妇合译本、莫言五部小说葛浩文独译本以及尤金小说林丽君独译本作为参照，对比它们和毕飞宇小说合译本在标准类符/形符比、平均句长等方面的异同点，以进一步探讨葛浩文夫妇合译毕飞宇小说风格的区别性特征。刘震云小说包括

---

① 毕飞宇：《推拿》，北京：人民文学出版社，2011 年，第 28 页。

② Goldblatt H, Lin L. Massage. Beijing: VIKING Penguin, 2014: p.32.

③ 毕飞宇：《推拿》，北京：人民文学出版社，2011 年，第 25 页。

④ Goldblatt H, Lin L: Massage. Beijing: VIKING Penguin, 2014: p.28.

⑤ 毕飞宇：《青衣》，杭州：浙江文艺出版社，2011 年，第 1 页。

⑥ Goldblatt H, Lin L: The Moon Opera. New York: Houghton Mifflin Harcourt, 2009: p.1.

⑦ 毕飞宇：《玉米》，南京：江苏文艺出版社，2005 年，第 42 页。

⑧ Goldblatt, H Lin L: Three sisters. New York: Houghton Mifflin Harcourt, 2010: p.52.

《一九四二》《我不是潘金莲》《我叫刘跃进》，表 6 中的相关数据均来自侯羽等（2019）的研究；莫言小说包括《红高粱家族》《天堂蒜薹之歌》《酒国》《丰乳肥臀》《生死疲劳》，表 6 中相关数据均来自于侯羽等[①]的研究；尤金小说包括《听，青春在哭泣》。

表 6　葛浩文夫妇合译本和各自独译本宏观语言形式参数统计结果

英译本	标准类符／形符比	英汉文字量比值	平均句长／个	主要翻译句对类型			
				1∶1	1∶2	1∶3	2∶1
毕飞宇小说合译本	43.73	0.62	15.3	65.7%	10.3%	2.0%	12.3%
刘震云小说合译本	41.48	0.61	14.3	57.0%	13.0%	2.0%	12.0%
莫言小说独译本	45.87	0.67	15.7	61.0%	15.0%	7.0%	5.0%
尤金小说独译本	42.43	0.60	13.6	55.6%	17.9%	6.6%	6.5%

表 6 显示了葛浩文夫妇合译本与各自独译本宏观语言形式参数统计结果。就合译而言，在标准类符／形符比方面，毕飞宇小说合译本高于刘震云小说合译本，两者存在显著性差异（p=0.007 ＜ 0.05），说明前者用词较为丰富和多样，而后者较为简洁。这可能与小说用词丰富程度有关，因为毕飞宇小说标准类符／形符比均高于刘震云小说。在英汉文字量比值方面，毕飞宇小说合译本与刘震云小说合译本均属欠量翻译，差异不显著（p=0.396 ＞ 0.05），说明葛浩文夫妇合译本语言表达较为简洁，不做过多解释。在平均句长方面，两位作家的小说合译本差异不显著（p=0.310 ＞ 0.05）。在主要翻译句对类型方面，两者均是 1∶1 比例最高，存在显著性差异（p=0.003 ＜ 0.05）。

从合译与独译比较来看，在标准类符／形符比方面，葛浩文夫妇合译毕飞宇小说与葛浩文独译莫言小说比值存在显著性差异（p=0.043 ＜ 0.05），与林丽君独译尤金小说差异不显著（p=0.927 ＞ 0.05），这说明词汇丰富度主要体现在林丽君的独译风格中。在英汉文字量比值方面，毕飞宇小说合译本与林丽君独译本均属欠量翻译，且差异不显著（p=0.432 ＞ 0.05），说明二者均较少采用解释性译法；葛浩文独译莫言小说属适量翻译，与合译本存在显著性差异（p=0.004 ＜ 0.05），说明葛浩文独译莫言小说时忠实于原文，给读者更好地展现小说内容。在平均句长方面，毕飞宇小说合译本与葛浩文独译的莫言小说不存在显著性差异（p=0.659 ＞ 0.05），且与林丽君独译的尤金小说差异也不显著（p=0.732 ＞ 0.05）。

（二）葛浩文夫妇合译与其各自独译报道动词"说"的翻译策略比较

表 7 为葛浩文夫妇合译和夫妇各自独译小说中报道动词"说"的翻译策略统计结果。选择葛浩文独译莫言小说《生死疲劳》进行比较，原因在于此部小说英译本出版

---

① 侯羽，刘泽权，刘鼎甲：《基于语料库的葛浩文译者风格分析——以莫言小说英译本为例》，《外语与外语教学》，2014 年第 2 期，第 72—78 页。

时间处于毕飞宇三部小说英译本出版时间之间，可排除历时风格因素的影响；选择尤金小说《听，青春在哭泣》的原因在于这是林丽君唯一的独译小说。葛浩文夫妇合译毕飞宇小说英译本等化翻译占比为 46%，省译占比为 33%，显化翻译占比为 21%。葛浩文等化翻译占比为 70%，显化和省译翻译占比较少。林丽君等化翻译占比为 47%，和葛浩文夫妇合译毕飞宇小说等化翻译方式占比（46%）相差不大，且两者省译和显化占比也相差不大。

表 7　合译与独译小说中报道动词"说"的翻译策略统计结果

作品	等化	省译	显化	总计
毕飞宇小说合译本	91/46%	65/33%	40/21%	196/100%
莫言小说《生死疲劳》	181/70%	46/18%	30/12%	257/100%
尤金小说《听，青春在哭泣》	83/47%	49/28%	44/25%	176/100%

五、葛浩文夫妇合译毕飞宇小说风格的原因分析

本文认为葛浩文夫妇合译毕飞宇小说的风格形成由三种因素共同作用。首先，这与毕飞宇小说的内容、叙述与篇章发展特点有关系。毕飞宇小说的平均句长从大到小依次是《青衣》《玉米》和《推拿》，这与葛浩文夫妇合译本的平均句长一致，因此不排除译者受到原文平均句长的影响。再比如，毕飞宇小说合译本标准类符/形符比高于刘震云小说合译本，这也是因为毕飞宇小说标准类符/形符比较高。其次，毕飞宇小说英译本词长和句长较为接近英语原创文本，可以从葛浩文夫妇以读者阅读体验为第一目标、各方面特征都贴近目标语读者的角度来解释。译者在翻译时必须承担起对读者的责任，关注跨文化传递过程中的诠释方式与交流效果。葛浩文夫妇将可接受性作为翻译时的重要的参照坐标[①]。二人不仅尊重原作，也尊重读者的阅读体验。最后，葛浩文夫妇合译的毕飞宇小说在宏观语言形式和报道动词"说"的翻译策略上均较为接近林丽君独译本，这与侯羽等[②]的研究发现一致。可以从两方面解释"：一方面是林丽君作为第一稿译者，她有更多机会将自己的翻译思想和策略融入译作中，她强调译者的责任，倾向于采用归化策略[③]；另一方面是葛浩文对其夫人尊重的结果。葛浩文[④]也曾提及"只有中国人才能完全理解中国文学，不管译者技巧多么纯熟，外国人依然永远无

① 吴赟：《作者、译者与读者的视觉融合——以〈玉米〉的英译为例》，《解放军外国语学院学报》，2014 年第 2 期，第 122—129 页。

② 侯羽，王亚娜，曲凌熙：《葛浩文夫妇合译策略实证研究——以毕飞宇和刘震云小说意象话语英译为例》，《西安外国语大学学报》，2022 年第 1 期，第 97—102 页。

③ 李文静：《汉英翻译家葛浩文与林丽君访谈录》，《中国翻译》，2012 年第 1 期，第 57—60 页。

④ Goldblatt H: Chinese Aesthetics and Literature. New York: State University of New York Press, 2004.

法完全理解中国作品"，可见葛浩文认为中国人才能更好地理解中国作品，所以他非常尊重林丽君的翻译风格和策略，使得二者的合译不仅速度快而且质量上乘。

六、结语

本研究基于"毕飞宇小说汉英平行语料库"，采用对比方法考察了葛氏夫妇合译毕飞宇小说的风格及其一致性，得到三点主要发现：一是毕飞宇小说的合译本在标准类符/形符比值、平均词长、平均句长、中英文句子翻译主要对应类型、报道动词"说"的翻译方式等方面均基本一致。二是葛浩文夫妇以欠量翻译和句法直译毕飞宇小说为主，合译本句长特点接近美国英语原创文本，这与夫妇合译刘震云小说相似；三是毕飞宇小说合译本宏观语言形式特点和报道动词"说"的合译策略与林丽君独译本一致。

本文对中国文学"走出去"合译实践有三点启示：

首先，应更多尝试国内译者主译和国外译者润色的合译模式。在"一中一外"的强强合作模式下，文化输出国和输入国分别有了代言人[1]，译作不仅有助于对原语文化的理解，又比较符合目的语表达习惯，容易被读者接受。侯羽等[2]也提及国内译者主译加国外译者润色的合译优势，不仅有利于国内译者了解和学习国外译者润色的全过程，积累更多外译的有效经验，还能够在一定程度上弥补从事汉译外的外国人不够多，满足不了现实需求的现状。除夫妻合译模式外，还可以尝试更多合译模式，如同事合译、师生合译。同事合译的作品如美国霍夫斯特拉大学的罗纳德·詹森（Ronald Janssen）和张健合译的残雪小说集《天堂里的对话》《苍老的浮云》和《绣花鞋》，师生合译的作品如葛浩文在美国旧金山州立大学任教期间与该校学生杨爱伦（Ellen Yeung）合译的萧红的《生死场》和李昂的《杀夫》。

其次，关注国内译者作为合译第一稿译者这一群体的选择，因为其翻译观和翻译策略将在很大程度上反映合译作品的整体面貌。具体来讲，应针对国内译者作为合译第一稿译者开展合译宏观描述性研究，以及具体合译者、合译双方关系、合译过程和策略、合译本传播和接受效果实证研究，了解国内译者作为合译第一稿译者的合译研究全貌，以便为中外合译国内译者的挑选提供备选译者。

最后，应通过翻译教学和实践培养更多高质量合译人才。像葛浩文夫妇这样，既能立足本土，又能面向"他者"的译者模式，自如地往返于两种话语体系和文化脉络

---

[1] 王颖冲，王克非：《中文小说英译的译者工作模式分析》，《外国语文》，2013 年第 2 期，第 118—124 页。
[2] 侯羽，王亚娜，曲凌熙：《葛浩文夫妇合译策略实证研究——以毕飞宇和刘震云小说意象话语英译为例》，《西安外国语大学学报》，2022 年第 1 期，第 97—102 页。

之间，实在是可遇而不可求①。翻译教学和翻译实践是培养合译人才的有效途径。乔令先②指出要发挥汉语译者的主导作用，提高汉语译者的英语语言文化素养，培养汉语译者对汉语特有文化的识辨能力，以及汉英语言文化之间进行比较鉴别的能力。要想促进中西合译，就要注重培养高校翻译专业学生的英语能力和汉语特有文化识辨能力，以提高翻译教学质量，推动翻译学科建设，培养更多合格翻译人才。此外，著名华裔翻译家林丽君说："常常有人问我如何才能做一个好的译者，我的回答就是要不断地练习。译得越多，就做得越好。"③这就要求翻译专业的学生以此为目标，多读多练。

　　本研究是基于语料库从语言层面以及翻译策略层面对葛浩文夫妇合译毕飞宇小说风格研究的一次有益尝试，进一步研究应针对葛浩文夫妇合译的其他作家作品在语义和语篇、修辞、叙事、意识形态等层面展开，以明确葛浩文夫妇合译的显著特征，推动合译研究发展，为助力中国文化"走出去"翻译实践提供一定借鉴。

A Corpus-Based Study of Howard Goldblatt and His Wife's Style of Co-Translating Bi Feiyu's Novels

Abstract: Based on the self-built Chinese-English Parallel corpus of Bi Feiyu's novels, this study examines Goldblatt and his wife's style of co-translating his novels from language and translation strategy, and compares it with their style of co-translating Liu Zhenyun's novels, Goldblatt's style of translating Mo Yan's novels and Lin Li-chun's style of translating You Jin's novel. Three main findings are made. First, their co-translation version of each of Bi Feiyu's three novels is consistent with each other in standard type/token ratio, average word length, average sentence length, main corresponding types of Chinese sentences and their English translation, and the translation strategy of reporting verb "说". Second, their co-translation version results from undertranslation and syntactically literal translation, which is similar to their co-translation version of Liu Zhenyun's novels. Third, their co-translation version is consistent with Lin Li-chun's translation version of You Jin's novel in terms of macro-linguistic features and translation strategy of reporting verb "说". This study holds that their co-translation style is a combined result of Lin Li-chun in charge of the first draft of their English version and her translation strategy on the one hand and Goldblatt's respect for her on

---

① 吴赟：《作者、译者与读者的视觉融合——以〈玉米〉的英译为例》，《解放军外国语学院学报》，2014 年第 2 期，第 122—129 页。

② 乔令先：《"文化走出去"背景下的汉英合作翻译研究》，《学术界》，2015 年第 2 期，第 142—148 页。

③ 李文静：《汉英翻译家葛浩文与林丽君访谈录》，《中国翻译》，2012 年第 1 期，第 57—60 页。

the other hand. This study concludes that for Chinese literature to "Go global" successfully, should be paid to try more co-translation models with domestic translators in charge of first drafts of co-translation works as well as cultivate more quality co-translators through translation teaching and practice.

Key words: corpus; translator's style; co-translation between Howard Goldblatt and Lin Lichun; Bi Feiyu's novels

人工智能辅助下的影视译制：跨文化传播的

新模式与挑战 ①

弓铭琦

（中央民族大学文学院，北京 100081）

摘要： 人工智能技术的迅猛发展为影视作品的译制与跨文化传播带来了全新的模式与挑战。本研究选取了影视作品《霸王别姬》《我不是药神》和游戏《黑神话：悟空》中的经典片段台词文本，运用 Baichuan-7B、ChatGLM-6B、InterLM-7B 和 Qwen-7B 四个大语言模型进行台词文本译制，并将译文进行数据量化分析与文本质性研究，分析大语言模型在影视文本翻译维度和文化情感表达维度上的差异，探讨人工智能视角下影视跨文化传播的机遇与挑战，以期为数智时代的跨文化传播研究提供借鉴与参考。

关键词： 人工智能；大语言模型；影视译制；跨文化传播

随着全球化进程的加速，世界各个国家和地区的之间联系日趋紧密，交流与合作不断深化。与此同时，人工智能技术的迅猛发展正在改变和重塑着众多行业的格局，并促使交流范式发生深刻变革。影视作品作为跨文化传播的重要载体，其翻译速度和翻译质量直接影响到文化传播广度和受众文化接受度。因此，优化影视译制范式对于推动跨文化传播具有重要意义。然而，当前影视译制面临许多挑战，包括语言多样、文化差异和同步缓慢等问题。虽然人工智能技术的发展已为影视译制提供了一些优化解决方案，但是仍存在技术瓶颈尚待突破和应用效果不理想等问题。本研究聚焦于人

---

① 作者简介：弓铭琦（1995— ），女，中央民族大学文学院，博士在读。研究方向：影视国际传播研究、区域国别研究。

工智能技术在影视译制中的应用，通过不同大语言模型对影视作品文本译制的量化统计和文本实证分析，探讨了人工智能技术在影视文本译制方面的优势与不足。研究表明，大语言模型在表达文本内容上已较为准确，但仍存在一定的误译、句式结构偏差、情感表达欠佳等问题。大语言模型的应用提高了影视译制的速度，有助于影视作品的跨文化传播与交流，但人工智能技术的局限和不同国家地区文化背景的差异也为影视作品的跨文化传播带来了新的挑战。

一、人工智能技术与影视译制

当前，全球人工智能技术正处于飞速发展期，尤其是自 2023 年以来，以生成式大模型为代表的新一代人工智能技术正在快速迭代并以迅猛的态势向各行各业渗透[①]。人工智能技术的迅猛发展为各个行业都带来了全新的机遇与挑战，影视行业更是在这场技术革命中迎来了前所未有的变革。在影视创作方面，自大语言模型诞生伊始，AI 技术便持续赋能影视生产的创意创作，推动影视行业进入人机共创时代[②]；在影视剪辑方面，以生成式 AI 为代表的技术创新，不仅提升了剪辑效率，也为创意表达和个性化制作带来了全新机遇[③]；陈宝权等人[④]更是从实践维度——AI技术对传统影视制作流程的颠覆性改变、学术维度——AI 对电影学研究领域的实现应用、社会维度——中国电影创制面临的 AI 发展问题及未来方向等多个维度进行了深入阐述。从影视剧本协同创作到智能技术辅助拍摄剪辑，从影片发行推广到学术研究探讨，人工智能在影视产业的各个环节都不断阐释、更新着自身的角色与作用。

在全球化的今天，影视作品是世界各国文化交流交融的重要桥梁，更是跨文化传播的重要载体，而影视作品的翻译质量和译制速度关乎着文化理解度和传播度，对于影视的跨文化传播具有重要意义。影视译制的发展历经了从最初的人工翻译到后来的自动化工具，再到现在的人工智能辅助翻译等多个发展阶段。近年来，人工智能技术在翻译领域的应用日益广泛。机器翻译、统计机器翻译和神经机器翻译等技术的发展，使得翻译质量得到了显著提升。人工智能不仅能够进行文本翻译，还能进行语音识别和合成，这些技术的发展极大地提高了翻译的效率和质量，进一步推动了影视译制行

---

① 何哲：《把握推动我国人工智能健康发展的历史性机遇——深刻领悟习近平总书记关于人工智能的重要论述》，《人民论坛》，2025 年第 2 期，第 11—14 页。
② 张琰琰，彭新宇：《论人工智能赋能影视生产的创意生成》，《东南传播》，2024 年第 12 期，第 95—98 页。
③ 闫江婷：《AI 技术对于影视剪辑工作的机遇与挑战》，《中国电影报》，2025 年 1 月 8 日，第 11 版。
④ 陈宝权，李道新，孙立军，等：《基于人工智能技术的未来影像研究与思考》，《现代电影技术》，2024 年第 12 期，第 4—12 页。

业的发展。在人工智能翻译对比研究方面，李奉栖[1]从忠实度、流利度、术语翻译、风格、文化接受度五个维度对比研究了英语专业翻译学习者与神经网络机器翻译系统的英汉翻译质量，梁君英等人[2]基于语料库对人工翻译和机器翻译产出在词汇、句法、篇章等多个维度的文本特征差异加以系统分析。在字幕研究方面，王华树等人[3]的研究梳理回顾了字幕翻译技术的研究现状，分析了其所面临的问题，进而阐述了计算机辅助翻译技术在字幕翻译方面发挥的作用和其未来发展趋势。然而随着大语言模型技术的快速发展，针对影视文本翻译的对比研究仍有待进一步深入。本研究借助不同的大语言模型对影视文本译制进行量化统计分析和质性文本研究，以期能够丰富人工智能影视译制研究内容。

二、研究方法

（一）大语言模型和数据集选择

作为人工智能领域的前沿产物，生成式大语言模型如 GPT 和 BERT、ELMo、PFMs 等，是以大数据、高性能并行计算及算法创新为基础，基于大规模文本数据训练，掌握语言的复杂性和细微结构而形成的深度学习技术[4]。大语言模型通过大规模数据集的深度学习，不仅可以理解自然语言，还可以基于规则和庞大的参照数据生成自然语言。大语言模型突出的语言文字处理能力，极大地提高了文本翻译的效率和准确度。基于模型多样性和资金成本控制的考虑，本研究共选择了四个主流中文大语言模型：Baichuan-7B，由百川智能开发的大规模预训练模型，基于超大规模的中文语料库训练，具备优秀的跨文化语义理解和生成能力；ChatGLM-6B，由清华大学和智谱 AI 联合研发，支持中英双语问答的对话语言模型，采用双语对齐训练框架实现精准互译，并针对中文语义理解进行了优化；InterLM-7B，上海人工智能实验室发布的大语言模型，可提供多语言互译服务，通过跨语言迁移学习框架保障语义一致性；Qwen-7B，阿里云研发的通义千问大模型系列中的一个模型，集成神经机器翻译与语义分析模块，旨在提供高质量的自然语言处理能力。以上模型均采用先进的自注意力机制和 Transformer 架构，在语义理解、语言转换、文化语境适配等核心维度表现突出，能够胜任影视文本翻译任务。

① 李奉栖：《人工智能时代人机英汉翻译质量对比研究》，《外语界》，2022 年第 4 期，第 72—79 页。
② 梁君英，刘益光：《人类智能的翻译能力优势——基于语料库的人机翻译对比研究》，《外语与外语教学》，2023 年第 3 期，第 74—84，147—148 页。
③ 王华树，李莹：《字幕翻译技术研究：现状、问题及建议》，《外语电化教学》，2020 年第 6 期，第 6，80—85 页。
④ 马忠，高怡英：《生成式大语言模型的社会认知风险与应对》，《浙江社会科学》，2025 年第 2 期，第 95—105，158 页。

本研究选取了多种类型且有代表性的 5—10 分钟的影视作品片段，分别是历史文化题材电影《霸王别姬》、现实题材电影《我不是药神》、神话改编游戏《黑神话：悟空》的经典片段。以上作品涵盖了历史、现实、神话多个题材，可以确保数据集文本在题材内容、风格呈现、情感表达、文化历史等维度的多样性，为后续文本量化分析和质性研究提供科学的研究基础。

（二）测评指标

本研究从量化数据和质性分析两个维度对不同大语言模型的字幕文本翻译结果进行评估研究。首先，基于规则与统计方法进行量化数据分析。利用自然语言处理中的规则和统计模型，对不同人工智能大模型的翻译结果进行 BLEU 和 ROUGE 评估。BLEU（bilingual evaluation understudy）和 ROUGE（recall-oriented understudy for gisting evaluation）是两种常用于评估机器翻译质量的指标。BLEU 主要基于精确率（precision），它将机器生成文本和参考文本拆分为 N-gram（连续 N 个词的组合），通过比较机器翻译输出与参考翻译之间的重叠程度来评估翻译质量。ROUGE 主要基于召回率（recall），通过比较输出译文和参考译文 N-gram 的重合度、连续两词的匹配度、最长公共子序列来评估机器翻译质量。其次，从语言和文化维度进行质性文本分析。选取有代表性的台词字幕进行官方翻译，再与大语言模型翻译对照研究，从词语选择、句式表达、文化情感等维度进行质性文本分析。通过将定量研究与定性评价相结合的方式，本研究旨在为大语言模型的字幕翻译测评提供一个全面且多元化的视角。

三、研究过程和结果分析

（一）研究过程

在进行影视译制的人工智能辅助研究中，确定影视作品和测评片段是首要步骤。本研究明确了具有代表性的测评影视作品类型和片段，包括历史题材的《霸王别姬》、现代题材的《我不是药神》以及游戏《黑神话：悟空》中的经典片段对话（5—10 分钟），所选取的对话不仅具有文化深度，也涵盖了丰富的情感表达，有利于后续测评研究的开展。

数据收集与预处理是确保实验顺利进行的关键。本研究将这些经典片段的官方中英文台词字幕进行下载，并开展了细致的文本数据清洗和标注工作，去除掉无关信息，以便于后续的模型测评。

模型下载与环境搭建是实验的另一个重要环节。根据选择的人工智能模型，搭建了相应的配置环境，部分模型由于权限和环境限制，通过调用应用程序接口进行访问。

最后进行量化测评结果和文本翻译内容分析。将不同影视片段在不同大语言模型的测评数值进行量化比较，形成图表便于直观分析比较。同时，结合具体文本分析结果，综合评估人工智能在影视译制中的有效性和潜在的改进空间。

（二）量化结果分析

选取的影视片段字幕在不同大语言模型的文本翻译量化对比数据如表 1 所示。

表 1　大语言模型字幕翻译测评结果

数据集	模型	测评数据			
		BLEU	ROUGE-1	ROUGE-2	ROUGE-L
《霸王别姬》	Baichuan-7B	20.5	35.7	24.3	33.7
	ChatGLM-6B	22.7	33.6	22.9	31.4
	InterLM-7B	21.6	34.1	23.8	31.8
	Qwen-7B	20.5	35.7	24.3	33.7
《我不是药神》	Baichuan-7B	16.7	30.2	21.6	27.9
	ChatGLM-6B	19.3	28.9	17.9	31.4
	InterLM-7B	15.6	27.8	17.5	26.3
	Qwen-7B	15.5	26.7	17.3	26.4
《黑神话：悟空》	Baichuan-7B	22.9	36.9	27.3	34.9
	ChatGLM-6B	20.1	34.9	23.3	32.9
	InterLM-7B	18.1	35.2	24.7	32.8
	Qwen-7B	19.5	36.7	25.9	35.7

为了更加直观地分析数据，根据量化结果生成图 1。

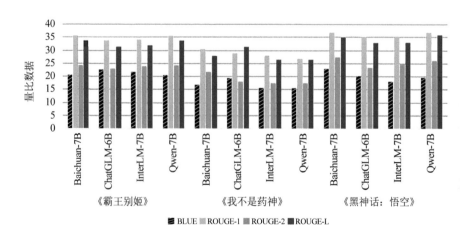

图 1　大语言模型字幕翻译测评结果柱形图

从数据可以看出,《我不是药神》的结果和其他两个影视作品有显著差异。《我不是药神》是一部根据真实事件改编的现实题材电影,讲述了主人公程勇为缓解经济困境而代购印度仿制药从而发生的一系列故事。影片不仅揭示了深刻的现实问题,也展现了人性的善良与光辉。虽然现代剧通常被认为更贴近现实生活而容易获得更好的翻译效果,但实际上《我不是药神》的分值相对较低。一个可能的原因是现代剧的数据集比较简单,内容重复性较高,影响了评价的多样性和深度。而《霸王别姬》和《黑神话:悟空》的测评数据接近,这说明相似风格的数据集表现是趋同的。《霸王别姬》通过戏剧化的叙事手法,讲述了一对梨园师兄弟跨越半个世纪的悲欢离合,深刻地描绘了中国社会的历史变迁和人物命运。同时,电影中融合了京剧元素,展现了中国传统戏曲艺术的独特魅力。《黑神话:悟空》则通过现代游戏技术,重新诠释了《西游记》中的经典故事和人物形象,游戏中的视觉效果、战斗系统和剧情设计都体现了对传统文化的创新演绎。两者虽然题材不同,但是在文化内涵和风格上具有一定的相似性,因此两者的数据较为相似。

在进行总体趋势对比研究的基础上,研究聚焦于具体测评维度,发现常常会出现一个大语言模型翻译文本的 BLEU 值较高,但是其 ROUGE 值相对较低的情况。如在《我不是药神》和《霸王别姬》的翻译测评结果中,ChatGLM-6B 相较于 Baichuan-7B 的 BLEU 值较高,但是其 ROUGE 却相对较低,而在另一组数据中却未出现类似情况。这可能源于测评指标的侧重点不同,BLEU 主要关注机器翻译的准确度,而 ROUGE 则更侧重于召回率,另外台词字幕的断句和不同文体句式 N-gram 的切分差异,也会导致两者的测评数据出现差异。

在对测评数据进行总体宏观的对照和具体细致的比较后,聚焦于不同大语言模型的异同,研究发现 Baichuan-7B 和 Qwen-7B 表现较为接近,尤其在 BLEU 分值上。在《霸王别姬》和《黑神话:悟空》中,Baichuan-7B 和 Qwen-7B 表现较为突出,意味着它们在处理文化元素方面更为有效。而在《我不是药神》中,研究发现 ChatGLM-6B 表现稍好,尤其是在 ROUGE-L 分数上,说明 ChatGLM-6B 对日常对话的处理更加准确高效。大语言模型在字幕文本翻译上具有不同的优势与侧重,样本数据、测量维度等因素均会影响对大语言模型的测评结果。

(三)文本质性分析

选取不同影视片段的翻译文本(此处以大模型 InterLM-7B 的译文为例)进行文本质性分析。通过文本对比,研究发现大模型翻译的文本基本可以准确表达语义,有时甚至能优于原译文,但往往也存在以下问题:翻译过于冗长,有时会因为联系上下文或补充信息而产生一定的误译，语句情感表达有所偏差，语句重心有待调整。下面以三部作品的台词片段为例，进行具体文本质性分析。

例 1 :《我不是药神》

台词："从明天开始这个药我就不卖了。"

原译文 : "I will stop selling drugs tomorrow."

InterLM-7B 译文 : "I will cease the distribution of narcotics tomorrow."

在例 1 中，大模型 InterLM-7B 的译文相对冗长，提高了文本的阅读难度。虽然 InterLM-7B 确实结合了上下文语境进行了补译，但是其补充单词 "narcotics" 主要是指麻醉或镇定催眠药品，与实际 "药" 所指代的治疗白血病药物并非同一物品，反而会让观众产生误读，大模型的上下文联系反而 "弄巧成拙"。

例 2 :《黑神话：悟空》

台词:"人，我保住了！"

原译文 : "My Master - safe!"

InterLM-7B 译文 : "My Master is safe!"

台词:"经，我取到了！"

原译文 : "The Scriptures - sound!"

InterLM-7B 译文 : "The Scriptures sound!"

例 3 :《黑神话：悟空》

台词:"是封过佛位的猴子"

原译文 : "A monkey was made Buddha once"

InterLM-7B 译文 : "Once a monkey was made Buddha"

在例 2 中，大模型 InterLM-7B 的译文基本可以表达原文语义，但是其翻译文本的文体对仗和情感表达较原译文欠佳。如原译文中用到了 "safe and sound" 并将其分开表达且语式对仗，很好地传达了原文语义并具有一定的文学性；InterLM-7B 的表达虽也引用了这一英文表达句式，但是表达形式与中文句式未对仗，使得翻译文本表达欠佳。但是在例 3 中，虽然两种译文的语义看似一致，但是由于语序的调整，使得语言的重心发生了偏移。原译文的表达重心和台词一致，都是 "猴子" 或 "a monkey"，但是 InterLM-7B 则将其变成了一个陈述句，使得表达时没有侧重，影响阅读时的情感态度。

例 4：《霸王别姬》

台词："有点昆腔儿的底儿没有啊？"

原译文："Can you sing any old-style operas?"

InterLM-7B 译文："Can you perform any traditional operas？"

例 5：《霸王别姬》

台词："正青春，被师傅削去了头发"

原译文："my hair shorn at youth's prime"

InterLM-7B 译文："At the peak of youth my hair was cut short"

以《霸王别姬》文本为例，大模型 InterLM-7B 的译文基本可以表达原文语义，甚至在某些程度上优于原译文。如例 4 中，台词"有点昆腔儿的底儿没有啊？"意思是想让主角展示功底，InterLM-7B 译文没有直接将"底"误译成"bottom"，语义理解上较为优秀。昆曲的表演不仅是唱（sing），更有身段、神态的展示，相较而言 InterLM-7B 选择的译文词汇（perform）反而更加准确全面。但是在例 5 中，电影中的戏文"正青春，被师傅削去了头发"其实有一定的哀怨悲伤之感，原译文的"shorn"将不情愿的掠夺之感表达得比较充分，但是 InterLM-7B 只是用了"cut short"，情感表达上不够充分。并且同例 3 一样，例 5 中 InterLM-7B 的语序表达不如原译文精巧，让译文的表达重心同原文发生了偏移。

四、人工智能视角下影视跨文化传播的机遇与挑战

人工智能在国际传播中的应用在一定程度上打破了语言壁垒的限制，促进了跨文化沟通与传播。这种赋能机制不仅体现在基于人工智能的语言翻译方面，而且包括智能化的内容适配与精准传递，为全球化传播与交流提供了新的可能[①]。人工智能翻译技术的快速发展让影视作品的跨文化传播衍生出新的传播范式，在速度、深度、广度等维度上极大地提升了跨文化传播的效果。首先，人工智能翻译技术极大地提高了跨文化传播的速度。相较于传统字幕翻译方式，人工译者需要通过文本翻译、时间轴匹配、校对审核等步骤才能完成对一部影视作品的译制，而人工智能可以借助先进的智能翻译技术实现实时字幕生成，在短时间内翻译大量影视作品，让来自全世界的观众都可以轻松快速地欣赏不同语言的最新影视作品，极大地提高了影视作品跨文化传播的速

---

① 郭海威，胡正荣：《人工智能驱动提升国际传播可及性：机制、困境与路径》，《中国电视》，2025 年第 1 期，第 73—82 页。

度。其次，人工智能技术助力于拓展跨文化传播的深度。借助观看媒介和其他互联网平台，观众可以在线实时观看反馈，表达对影片的看法与喜好，便于制作方更加精准地掌握和适应目标市场的跨文化偏好，针对不同国家和地区调整跨文化传播的战略和内容，提升作品的国际影响力和竞争力，以及跨文化传播的效度和针对性，减少文化偏见与误读。最后，人工智能技术拓宽了跨文化传播的广度。人工智能翻译技术使得更多国家和地区的人们打破语言壁垒，欣赏到更多优秀的影视作品。多平台的应用与推广也使得跨国电影或跨国制作团队之间的沟通协作变得更加便捷高效，极大地优化了国际合作流程，让影视作品跨文化传播的广度进一步得到扩展。

人工智能技术为影视作品的跨文化传播带来了诸多便利与优势，但是也带来了许多新的问题与挑战，需要我们积极应对解决。首先，应加强人机协同反馈机制，进一步优化人工智能翻译技术。针对信息一致性的强化，可以引入优化统计方法与检查机制，并通过人工审核反馈，从而降低漏译、错译等问题的发生率，及时进行矫正优化。其次，文化的接受度差异对跨文化传播也构成了挑战。人工智能应有针对性地处理不同文化元素，并考虑到目标受众的文化倾向，在传播电影的文化价值的同时，避免文化偏见与误读。通过提升算法性能、扩充语料检索范围或建立跨文化交流知识语料库等方式，对源文本的文化元素和历史背景信息进行更为精准的把握，同时还应加强人工智能对电影台词文本的学习，使翻译后的语言在词语选择和句式排布上兼具文化特性和易读性。最后，只有通过不断优化和调整算法，才能保障人工智能适应快速变化的市场环境和不同文化背景的受众群体。这不仅需要技术进步，还需要研发人员和文化学者、翻译学家、影视评论家等多个领域的专家人士进行深入的交流，对翻译台词文本的细化和意识形态进行总体把关，宏观整体上提升团队的跨文化沟通和写作能力，让影视作品的跨文化传播在各个国家和地区都努力实现最佳效果。

五、结语

人工智能翻译为影视作品的跨文化传播提供了新的技术路径，大语言模型的快速迭代发展和其强大的搜索能力，使影视翻译面临一场新的变革，从传统译者人工翻译校对的模式，逐步转化为技术路径下对制作者、译者、观者的多方反馈翻译模式。借助人工智能翻译技术，影视作品可以在极短时间内转换语言，让世界各地的读者可以快速观看影片，提升了跨文化传播的速度与广度。但与此同时，跨文化传播的深度与信度仍依赖于对双方文化背景的理解与解读，需要进行特定的转换与诠释。未来影视作品的翻译与跨文化传播应建立在人机协同翻译的基础上，不断优化大语言模型算法和语料库，加强对文本内容的人工检测与反馈，从而提升影视作品跨文化传播的速度、广度、深度和信度，推动世界各国影视作品的推广交流，促进文明的互通互鉴与交流交融。

AI-Assisted Audiovisual Translation: New Models and Challenges in Cross-Cultural Communication

Abstract: The rapid advancement of artificial intelligence (AI) has introduced novel paradigms and challenges for audiovisual translation and cross-cultural communication. This study selects dialogue excerpts from the film *Farewell My Concubine*, the movie *Dying to Survive*, and the video game *Black Myth*: *Wukong*, employing four large language models (LLMs)—Baichuan-7B, ChatGLM-6B, InterLM-7B, and Qwen-7B—to perform text-based subtitle translation. Through quantitative data analysis and qualitative textual studies of the translated outputs, we examine the variations among LLMs in terms of audiovisual text translation and cultural-emotional representation. The research further explores the opportunities and challenges of AI-driven audiovisual media cross-cultural communication, aiming to provide insights for the digital intelligence era cross-cultural communication studies.

Key words: Artificial Intelligence; Large Language Models; Audiovisual Translation; cross-cultural communication

区域国别研究

拉美高等教育国际化政策研究

——以欧盟－拉加区域间合作为例①

王　欣　曾小濛

（西南科技大学外国语学院，四川 绵阳 621010）

摘要： 20 世纪末以来，国际化成为高等教育发展的主要趋势之一。中国与拉美国家之间要开展文化交流，教育是一个重要的抓手。对欧盟－拉加高等教育国际化政策选择偏好进行研究有助于为我国与拉美国家建立高等教育区提供启示。依照施耐德和英格拉姆的政策工具分析框架，本文对 1999 年第一届欧拉峰会以来共 65 条欧盟－拉加高等教育国际政策进行计量与内容分析。本研究发现，欧盟－拉加高等教育国际化政策工具选择存在激励工具使用贫乏化、能力工具使用片面化等问题。因此中国在与拉美国家展开教育合作时应吸取经验教训并结合自身国情，不断优化高等教育国际化政策工具选择。

关键词： 政策工具；欧盟；拉美；高等教育国际化

一、问题提出

20 世纪末以来，国际化成为高等教育发展的主要趋势之一②。高等教育国际化是高

---

① **作者简介：** 王欣（2000— ），女，西南科技大学外国语学院，硕士。研究方向：应用语言学及区域国别学；曾小濛（1990— ），女，西南科技大学外国语学院，讲师。研究方向：区域国别学。

基金项目： 本文是 2024 年度西南科技大学研究生创新基金资助项目"青苗计划"（24ycx1025）的阶段性成果。
② Tight M. Globalization and Internationalization as Frameworks for Higher Education Research. Research Papers in Education, 2021, 36(1): pp.52-74.

等教育改革与发展过程中不可或缺的组成部分，其不仅是全球化社会发展的必然产物，而且是高等教育核心竞争力的重要表现[①]。中国和拉美国家作为新兴经济体，在历史发展轨迹上有着诸多相似之处，如今又处于社会转型的关键阶段。基于相似的历史背景与发展诉求，双方都肩负着通过高等教育培养人才、助力国家战略发展的重大使命。尽管其高等教育体系的构建之路并非一帆风顺，但持续不断的探索与实践，使其逐步形成了独具特色的教育框架。在此背景下，深入剖析拉美国家高等教育改革的成功经验与面临的挑战，对于其他处于类似教育转型阶段的国家而言，具有重要的参考价值。以"拉美高等教育政策"为关键词在中国知网进行检索，检索出的条目较少（共 13 条），且主题较为分散。由此可知国内对拉美高等教育的了解和研究还比较滞后，更何谈中国高等教育在拉美的国际化。基于此，本研究借助政策工具理论框架，深入探究欧盟－拉加区域高等教育国际化政策的演变轨迹及其实施策略。通过定量研究法，系统梳理并分析区域间相关政策文件，着重揭示各类政策工具的部署模式、运作方式以及现存挑战。该研究不仅为跨区域教育政策比较提供了方法论创新，还为中国与拉美国家在推进高等教育国际化进程中开展战略协作提供了理论框架与实践指导。

二、欧盟－拉加高等教育政策规制分析

（一）分析框架

施奈德和英格拉姆（Schneider & Ingram）根据政策制定者对政策执行者行为的假设将政策工具分为：权威工具（authority tools）、激励工具（incentive tools）、能力工具（capacity tools）、符号和规劝工具（symbolic and hortatory tools）、学习工具（learning tools）（见表1）[②]。本研究采用施耐德和英格拉姆的政策工具理论作为分析框架，其核心价值在于系统阐释政策制定者如何通过特定机制引导实施主体朝着期望的行为方向发展。该理论框架着重审视政策制定者对目标群体行为模式的预设，并通过验证这些预设与实际情况的契合度，为评估政策实施效果提供理论基础。从运行机制的视角来看，这一分类体系主要基于不同政策要素如何塑造个体或组织的行为，这种分析方法与高等教育国际化政策研究具有内在的一致性。具体而言，权威工具表现为政府依据法定权力建立强制性监管体系，通过立法约束、行政许可和处罚机制等手段来实现政策目标，其本质特征是合法性和强制性。激励工具的创建基于绩效的奖励体系，运用物质

---

① 张菁珂，祁占勇：《我国高等教育国际化政策工具的选择偏好及改进策略——基于施耐德和英格拉姆的分析框架》，《中国高教研究》，2022 年第 1 期，第 49—55 页。

② Schneider A, Ingram H. Behavioral Assumptions of Policy Tools. The Journal of Politics, 1990, 52(2): pp.510-529.

补偿或精神激励来影响目标群体的行为，展现出明显的自愿性和选择性特征。能力工具强调提供实体性资源，如基础设施、专业培训和信息支持，旨在提升实施主体的政策执行能力，突出其实用性和支持性属性。符号和规劝工具通过价值内化和思想引导促进政策的接受，借助思想引导实现自愿遵从，展现出非强制性的灵活特征。学习工具在灵活的框架内提供认知范式和决策参考，通过知识共享强化主体的自主判断，体现开放包容的治理智慧。通过系统勾勒这五种工具的核心特征，本研究为后续的政策文本编码与分析奠定了理论基础。

表 1   施耐德英格拉姆政策分析工具

政策工具	具体工具
权威工具	权力处分
	机构管理
	财务管制
	人事管制
激励工具	财政激励
	身份优待
	绩效评估
	利益奖励
能力工具	财政保障
	基础建设
	管理运行
	技能培训
	信息平台
符号和规劝工具	价值倡导
	理据
	典型
	劝诫
学习工具	权力下放
	战略规划
	基层参与
	自我评估

（二）政策选择

第一，以 20 世纪 90 年代后至今为时间范围限定。1999 年欧洲和拉美最高级别领导人会议——欧拉峰会提出了建立欧拉高等教育区的设想，该高等教育区不仅成为全世界最大的高等教育联盟，也是区域间高等教育合作的典型代表。至此，欧盟-拉加高等教育国际化政策呈现出系统化的特征，选取 1999 年至今的政策文件一方面具有代表性，另一方面更加便于整理分析。第二，政策选取内容为欧拉峰会与教育有关的条款。欧拉峰会与欧拉学术峰会作为最重要的制度为欧拉高等教育区的建设建构起常规化对话方式。欧拉峰会是欧拉区域间最高级别的对话制度，负责欧拉合作方向、内容和目标等总体工作的规划，起到统领全局的作用。如果说欧拉峰会是欧拉高等教育合作的统领者，那么欧拉学术峰会则是欧拉高等教育合作的具体执行者。作为欧拉峰会下设的平行会议，其核心任务是促进欧拉高等教育合作，推动欧拉高等教育区的建设工作[①]。第三，选取欧拉峰会中有关教育的政策文本总和。鉴于拉美各国在高等教育国际化进程中的实施水平存在显著差异，本研究在样本选取过程中将区域性教育政策文本排除在分析范围之外。根据以上政策文本的选择标准，在相关学术研究的基础上，访问官方网站收集并筛选政策文件。文本分析结果表明，欧盟与拉加地区在推进高等教育国际化过程中，其政策形态主要表现为规划、倡导、计划等类型。

（三）编码统计

1. 政策文件内容编码

本研究基于施耐德和英格拉姆政策工具理论体系，在深入掌握各类政策工具概念界定的基础上，对筛选出的 13 份政策文件实施内容编码，并开展归类统计工作。在梳理政策文本期间，将"条"设定为最小编码单位。以"2-3"为例，其代表从第 2 份文件中提取的第 3 条内容。经上述步骤，共梳理出 65 条具有典型性的政策条文，为后续研究提供支撑。

2. 政策工具使用情况

本研究将 13 份政策文献中的 65 个编码单元按照政策工具类型进行系统分类，其具体政策工具使用情况如表 2 所示。

表 2　政策文件中的政策工具使用统计

政策工具	具体工具	1	2	3	4	5	6	7	8	9	10	11	12	13	总数	比例/%	小计/%
权威工具	权力处分														0	0	0
	机构管理														0	0	
	财务管制														0	0	
	人事管制														0	0	
激励工具	财政激励											1			1	1.54	1.54
	身份优待														0	0	
	绩效评估														0	0	
	利益奖励														0	0	

[①] 胡昳昀：《欧拉高等教育区建设的动因、议程与成效——基于区域间主义的视角》，《比较教育研究》，2020 年第 1 期，第 81—88 页。

（续表）

政策工具	具体工具	1	2	3	4	5	6	7	8	9	10	11	12	13	总数	比例/%	小计/%
能力工具	财政保障				1								2		3	4.62	41.54
	基础建设		1				1			1					3	4.62	
	管理运行		2	1					1		1	2	2	1	10	15.38	
	技能培训		2			2	2						4		10	15.38	
	信息平台	1													1	1.54	
符号和规劝工具	价值倡导	1	2			2	4					1		1	11	16.92	27.69
	理据														0	0	
	典型		1												1	1.54	
	劝诫					2	1	2					1		6	9.23	
学习工具	权力下放		1										1		2	3.08	29.24
	战略规划	1	3	2		2	4	1				1	1	1	16	24.62	
	基层参与														0	0	
	自我评估												1		1	1.54	
合计		3	12	3	1	8	12	3	1	1	1	5	10	5	65	100	100

如表 2 显示，能力工具使用比例最高（41.54%），其中以"管理运行"（15.38%）和"技能培训"（15.38%）为主，少部分为"财政保障"（4.62%）和"基础建设"（4.62%），"信息平台"（1.54%）使用比例较低。如在《欧盟－拉丁美洲及加勒比地区行动计划》中提道："支持两个地区在卓越性、相关性和互补性的基础上联合开设硕士和博士课程。"就是依靠教育培训及其他资源来提升能力，开发人力资源。学习工具使用比例（29.24%）与符号和规劝工具使用比例（27.69%）仅次于能力工具的使用。其中，学习工具中大部分为"战略规划"（24.62%），少部分为"权力下放（3.08%）和自我评估（1.54%）。"战略规划"为组织机构指明发展方向，提供清晰的蓝图；实施则将战略规划变为现实，确保发展目标的实现，如《欧盟－拉丁美洲及加勒比地区行动计划》中提道："支持和促进制定旨在加强高等教育系统并使之现代化的双地区、分地区和国家计划。"这类表述在 13 份文件中占比最多。"权力下放"意味着下一级手中拥有更多的决定权和选择权，不需要每一件事都向上一级汇报，提高办事效率。该工具在13 份政策文件中仅出现 2 次。如《欧盟－拉加共同体在博士生教育方面的合作》中"利益相关者参与提供和参加博士生教育：企业／行业／非政府组织／文化机构／市政当局／地方或地区当局"。符号和规劝工具中，大部分表现为"价值倡导"，如《圣地亚哥宣言》中"我们还认识到高等教育计划对我们地区之间的学术合作以及国际学生、研究人员和学术人员流动的重要贡献"。正确必要的价值倡导能引人积极向上，真正实现人生价值，于社会于国家均有积极的重要意义。在 13 份政策文本的分析中，"劝诫"这一政策工具主要体现为运用具有积极语义特征的词汇，通过正向引导的方式增强政策接受度，从而实现劝导目标。如"鼓励""尊重"等。权威工具和激励工具几乎没有被

使用，分别为 0 和 1.54%。激励工具中，以"财政激励"使用为主。13 份政策文件中只有《以高等教育、研究和创新为核心的面向未来的欧盟－拉加共同体议》提到"增加资助（例如，提供更多的奖学金）"。

（四）政策工具问题分析

1. 能力工具以及战略规划运用的过度化

尽管欧盟与拉丁美洲高等教育一体化构想已提出了 20 多年，但其发展进程与既定目标之间仍存在较大差距。尽管 2015 年原计划达成的高等教育区建设目标未能如期实现，但部分合作已取得阶段性成果，如签署双边合作协议、建立学分互认机制等。不过，从整体发展态势来看，区域层面的系统性制度构建仍面临诸多挑战，政策愿景与实际成效之间存在明显的实施落差。究其原因，欧拉高等教育区的建设发展离不开欧拉政治合作的大背景，因此欧拉高等教育合作体现了各国之间强烈的政治意愿以及现实利益诉求[①]。要想实现欧拉高等教育区的建立还需双方共同努力。

2. 以物质激励为抓手的激励工具使用的贫乏化

13 份政策文件中，"财政激励"只出现了一次，即《以高等教育、研究和创新为核心的面向未来的欧盟－拉加共同体议》中提到的"增加资助（例如，提供更多的奖学金）"。究其原因，一方面，外交资源受到影响，欧盟财政紧缩，财政预算中用于高等教育对外合作的份额下降，2007—2013 年欧盟对欧拉高等教育合作财政拨款为 2.23 亿欧元，2014—2020 年下降到 1.63 亿欧元[②]。另一方面，欧盟在科学、高等教育和创新领域对拉丁美洲的态度在很大程度上是通过政治峰会、会议和工作组会议来引导的。与众多不同国家的官员举行高级别对话和峰会也是一项耗资巨大的工作，所涉及的组织、后勤、通信、交通和住宿对和各自的国家财政都是负担，如果与所产生的结果和效益的不确定性甚至匮乏性相比较，其高成本尤为明显[③]。如果大部分费用由会议主办国承担，而且这类活动在欠发达的拉美国家举行，可能会引发大众的抵触情绪。例如，2008 年在秘鲁利马举行的欧拉峰会耗资约 3500 万美元，2012 年在哥伦比亚卡塔赫纳举行的美洲峰会耗资约 3000 万美元。由此可见，欧盟－拉加区域间高等教育政策中的激励工具使用极为缺乏。

---

① Barlete A L. The Policy Trajectory of The EU–Latin America and Caribbean Inter—regional Project in Higher Education (1999–2018). Policy Reviews in Higher Education, 2020, 4(1): pp.45-67.

② Selleslaghs J. Science, Higher Education and Innovation Coperation between The EU and Latin America: All Talk and No Action?. In 15th Biennial European Union Studies Association Conference, Miami, Florida, 2017.

③ 杨启光：《拉美高等教育的国际化发展进程》，《高教发展与评估》，2011 年第 3 期，第 73—76，96 页。

3. 以管理运行和技能培训为手段的能力工具的使用片面化

在欧盟-拉加区域间高等教育政策中能力工具使用较多，主要体现在机构建立、制度设置、国际合作等方面。财政保障工具主要运用在欧盟和拉丁美洲高等教育机构以促进欧盟和拉丁美洲国家的研究网络和社会之间的相互联系。技能培训主要致力于硕士和博士的课程开设和全民教育上，以期在促进公民终身学习的基础上培养出各领域的人才。信息平台工具主要运用在欧盟-拉加共同体知识区建设上。在高等教育国际化政策实施过程中，基础建设工具主要应用于科研设施保障、创新园区开发等具体领域。通过系统分析发现，此类工具在实际运用中存在明显局限：一方面，信息支持系统的建设严重不足；另一方面，有关政策表述多停留在原则性倡议层面，既缺乏明确的操作指引，又欠缺量化的建设指标。这种现状反映出欧盟与拉加地区在高等教育合作中，对信息化平台和实体设施建设等工具的支持仍显不足，政策精细化程度有待提升。

三、对建立中国-拉美高等教育区的启示

随着综合国力的持续提升，中国作为全球最具发展潜力的国家之一，其国际影响力与日俱增。在此背景下，中国政府将拉丁美洲地区视为重要的战略合作伙伴，并特别重视双方在人文教育领域的交流与合作。这种文化交流与教育合作已成为中拉战略伙伴关系的重要支柱。通过分析拉美高等教育国际化政策，尤其以欧盟-拉加高等教育国际化政策为例，可为学界学习新的国际化模式、开展更具创新性的研究提供新视角。同时，也为我国早日与拉美国家建立高等教育区区域间合作关系提供启示，以进一步深化中拉交流与合作。

（一）拉美高等教育在地国际化的推进策略

强化以管理运行为手段的能力工具的使用。在机构建立、制度设置、国际合作等方面投入更多精力。在地国际化是高等教育国际化的一个新概念，其突破了传统以跨境流动为核心的发展范式。该理念的核心要义在于重构国际化人才培养模式，将发展重心转向本土高等教育机构的国际化内涵式发展，即通过系统性的校园国际化建设实现人才的在地培养。在地国际化这一概念最早可追溯至 1999 年，是由瑞典马尔默大学（Malmo University）副校长本特·尼尔森（Bengt Nilsson）在欧洲国际教育协会（European Association for International Education）春季会议上正式提出的。他在研究报告《在地国际化：理论与实践》（*Internationalization at Home*：*Theory and Praxis*）中，

对这一新兴理念进行了系统界定，将其明确定义为高等教育机构在本土环境中开展的一系列非跨境国际化教育活动。其核心理念在于：通过构建多元文化融合的校园环境，使全体学生在本土学习期间就能获得国际视野与跨文化理解力，从而培养适应全球化发展所需的综合素质与关键能力。

学生的流动是传统教育国际化的主要形式[①]，在地国际化政策打破了这一传统认知。中国可从宏观政策和微观实践层面自上而下地构思在地国际化战略方案，从而在为各高校零散的在地国际化活动提供规范性框架的基础上，大规模培养具备国际竞争力的人才，积极打造系统规范的政策环境与支持体系。国家层面所制定的高等教育国际化政策，在扩充高等教育国际化发展空间、推动高等教育国际化进程等方面具有规范性与决定性作用。高等教育在地国际化需从宏观和微观两个层面协同推进。宏观上，完善政策体系和财政保障，夯实制度基础；微观上，建立"五位一体"运行机制，确保实践落地。高校作为在地国际化的主体，应结合政策导向，从文化建设、课程优化、师资提升、国际合作和评估完善五个方面构建运行机制，有序推进与拉美国家的在地国际化合作。

（二）中拉教育合作保障体系的构建

我国高等教育国际合作应优先聚焦拉美地区具有战略意义的重要伙伴国家。目前，我国已经与6个拉美国家建立了全面战略伙伴关系，其中不乏如巴西、阿根廷、墨西哥这些高等教育相对发达且在拉美具有影响力和号召力的国家[②]。为深化中拉高等教育合作，建议采取以下战略措施：其一，重点推进与拉美地区具有良好合作基础且区域影响力显著的国家建立教育合作伙伴关系，通过发挥这些关键国家的示范效应，带动区域内其他国家参与教育交流；其二，完善双向留学促进机制，一方面通过增设专项奖学金、优化学历学位互认框架等措施鼓励中国学生赴拉美学习，另一方面，应简化签证审批流程、提升留学生服务质量，以吸引更多拉美学生来华深造。这种双向互动模式的构建将有效促进中拉教育资源的优化配置与共享。目前，我国已与秘鲁、古巴、墨西哥和阿根廷签署了学历与学位互认协议，接下来需要进一步推动与拉美其他国家的学历学位认证协议签订。在扩大教育交流的同时，我国更需要探索与拉美教育合作的有质量保障的发展路径，应该完善中拉合作的管理制度，增设我国在拉美国家的教育服务和管理机构，在各国建立教育处/组，完善中拉人员流动信息、中拉高等教育机

---

① 王建梁，杨阳：《高等教育在地国际化的国际经验与中国路径选择——基于多国政策与战略的分析》，《社会科学战线》，2022 年第 9 期，第 230—239 页。

② 胡昳昀，赵灵双：《中国和拉美教育交流与合作 60 年：进展、问题及策略》，《比较教育研究》，2020 年第 12 期，第 38—45，62 页。

构合作基本情况的收集工作等①。高校应着力培养兼具扎实西班牙语、葡萄牙语基础和跨学科专业能力的复合型人才；要构建多学科融合、理论与实践并重的培养体系，夯实学生的研究基础，为该领域持续输送高素质人才，提升研究水平，推动学科发展。

（三）高校国际化合作网络的拓展

当前，国内多数高校广泛开展学生交换、学术互动以及科研合作等国际交流活动，合作对象主要集中于美国、日本、欧洲等少数发达国家和地区。以 2011 年为例，中国赴美留学生数量接近 20 万人，约占当年中国留学生输出总量的 1/3。与之形成鲜明对比的是，国内高校与发展中国家及地区的合作程度相对薄弱。这种失衡的国际合作格局，极大限制了中国在文化、教育、科技等领域对发展中国家及地区影响力的有效发挥，致使双方在文化教育方面的交流存在明显不足。国内高校作为传播先进文化的前沿阵地，承担着促进国际文化、教育、科技交流的重大使命。为充分发挥国际交流的桥梁纽带作用，国内高校需秉持积极开放的态度，拓展国际合作的广度与深度，切实履行在国际文化、教育、科技交流中的重要责任。

四、结语

欧拉高等教育区的形成与发展是欧盟与拉加地区政治经济合作深化过程中产生"外溢效应"的体现。在双方领导人峰会与学术交流机制的双重推动下，该合作项目在以下方面取得显著进展：促进社会公平包容、增强区域创新能力、提升人力资源质量以及推动高等教育体系融合。然而需要认识到，要实现真正意义上的高等教育一体化，仍面临诸多挑战与障碍。作为全球规模最大的区域性高等教育合作倡议，欧拉高等教育区建设虽然存在困难，但其战略价值已得到充分印证——这种深度合作为双方提升协作效能、实现共同发展提供了重要路径，这对我国全面推进高等教育国际化提供了实践经验。推进我国高等教育国际化进程需要坚持双向发展战略。一方面，应立足国情，系统吸收国际先进教育理念与优质资源，通过改革创新不断提升我国高等教育的国际认可度与竞争力，使其发展水平逐步与国际标准接轨；另一方面，要充分发挥本土特色优势，积极参与全球高等教育服务贸易，推动优质教育资源的跨境输出，提升我国在国际教育市场中的话语权和影响力。这种"引进来"与"走出去"相结合的路径，既有助于优化国内高等教育体系，又能提高我国在全球教育治理中的参与能力，实现教育资源的国际优化配置。

---

① 张贯之，李仁方：《拉美高校国际化实践及其对我国教育改革的启示》，《黑龙江高教研究》，2013 年第 8 期，第 36—38 页。

Policy Research on Internationalization of Higher Education in Latin America: the Case of EU-LAC Interregional Cooperation

Abstract: Since the end of the 20th century, internationalization has become one of the main trends in the development of higher education. To carry out cultural exchanges between China and Latin America, education is an important factor. A study of EU-LAC higher education internationalization policy choice preferences can help provide insights into the establishment of higher education zones between China and Latin American countries. In accordance with Schneider and Ingram's framework for analyzing policy instruments, a total of 65 EU-LAC higher education internationalization policies since the first EU-LAC Summit in 1999 are measured and content analyzed. It is found that the choice of EU-LAC higher education internationalization policy tools is characterized by the poor use of incentive tools and the one-sided use of capacity tools. Therefore, when China cooperates with Latin American countries in education, it should learn from their experiences and combine with its own national conditions to optimize the selection of higher education internationalization policy tools.

Key words: policy tools; European Union; Latin America; Internationalization of higher education

林宝音平等女性主义书写与新加坡本土性建构①

赵志刚 孟芳冰

（燕山大学外国语学院，河北 秦皇岛 066000）

摘要：新加坡华裔作家林宝音积极倡导平等女性主义，强调在社会、家庭、文化及教育等多领域实现真正的性别平等与自由。在其最具代表性的三部女性主义成长小说《女仆》《泪痣悲情》和《银叶之歌》中，她通过精心塑造的三位女主人公形象，解构并重构新加坡社会中性别权力关系，并巧妙运用民俗意象，生动展现了女性在复杂社会环境中的抗争与成长、挣扎与觉醒。其作品不仅是对新加坡社会女性命运的深刻书写，更是对广泛存在的东西方文化冲突的反思。她倡导的平等女性主义超越了简单的性别对立，强调自由与自我的实现，为构建更加和谐的社会关系提供了新的思考。林宝音的文学作品不仅为新加坡文学注入了独特的女性视角，也为全球女性主义文学的发展提供了重要的启示与借鉴，具有重要的跨文化研究价值。

关键词：林宝音；成长小说；平等女性主义

新加坡作家林宝音（Catherine Lim，1942— ）出生于传统的华人家庭，一方面深受东方文化中家庭观念和性别角色分工的影响；另一方面，她接受的是西方教育，这种独特的成长经历塑造了她"居间"（in-between）的文化身份，也使她形成了新颖的视角和思维方式。这种文化碰撞让她深刻意识到性别关系并非简单的性别对立，而是

① **作者简介**：赵志刚（1979— ），男，燕山大学外国语学院教授。研究方向：比较文学与跨文化研究。孟芳冰（2000— ），燕山大学外国语学院硕士研究生。研究方向：外国语言学及应用语言学。

基金项目：本文是国家社科基金项目"林宝音小说中新加坡本土性建构研究"（23BWW027）的阶段性研究成果。

需要在尊重个体差异的基础上，实现女性同男性一样享有教育、恋爱等社会权利。林宝音在其多部文学作品中通过对女主人公在父权统治下所遭受压迫的真实刻画，探讨了性别不平等的问题。尽管这些作品因直面女性困境而备受争议，甚至被误解为对男性的恶意丑化[①]，但这种关注并非源于对男性的憎恨，而是出于对性别平等和公平正义的追求。她认为女性的困境不应被简单归因于性别属性，而女性自由也不应依靠男性来实现[②]。林宝音的平等女性主义主张，正是源于她对东西方文化冲突的深刻洞察以及对底层女性的深切同情。她的作品不仅是对女性遭遇的呐喊，更是对性别平等理念的深刻思考和不懈追求。

一、林宝音的平等女性主义立场

林宝音是一位优秀的文学家，对社会公共领域有着不小的影响。在新加坡《今日报》的报道中，林宝音被评价为"理想的新加坡女性典范和代言人"，并鼓励其他女性以她为榜样，平衡家庭、事业甚至公共服务的需求[③]。林宝音的这种在家庭、事业与社会之间取得平衡的能力，以及身为女性迫切实现独立自由的愿望使其成为平等女性主义的倡导者。林宝音通过亲身经历表达了对性别女权主义的失望，在其创作的随想集《平等之乐：对神、死亡和归属的思考》第十一章的"蝎子女人"一文中，林宝音详细描述了自己参与的一次国际女作家会议场景，"女作家 X 的行为让我感到不适，因为 X 在没有了解具体情况的前提下，仅仅因为性别就无条件支持女方，并公开指责男性"[④]。林宝音认为这种行为与种族主义有相似之处，因为它们都基于与生俱来的性别与种族属性来评判他人。性别女权主义简单地将女性视为受害者，将男性视为压迫者，这使女性虽然表面受到了大众的维护，但男女性别对立现象更加严重，进一步加深了社会对女性这一群体的偏见和不公正对待。林宝音平等女性主义主张的最大特点就是反对将某一性别置于另一性别之上的做法，主张性别平等而不是性别二元对立。

女性群体在林宝音笔下有着孩童、母亲和妻子等众多身份角色。虽然她们同其他小说的女性人物一样生活在狭隘、黑暗且没有真正自由的空间中，但她们勇敢地追求平等的爱情、追寻受教育的权利，并且和男性有着平等和谐的两性关系，承担着自身

① Catherine L. An Equal Joy : Reflections on God, Death and Belonging. Singapore: Marshall Cavendish International Asia Pte Ltd, 2017: p.99.

② Catherine L. An Equal Joy : Reflections on God, Death and Belonging. Singapore: Marshall Cavendish International Asia Pte Ltd, 2017: p.99.

③ Tan K P. Who's Afraid of Catherine Lim? The State in Patriarchal Singapore. Asian Studies Review, 2009, 33(1): pp.43-62.

④ Catherine L. An Equal Joy : Reflections on God, Death and Belonging. Singapore: Marshall Cavendish International Asia Pte Ltd, 2017: p.97.

的社会职责。林宝音的平等女性主义主张并没有单纯局限于男女性别关系，而是切实考虑到了女性成长中除基本的生存权利外的其他社会性需求。她认为女性应该受到良好的教育，女性的话语和思维应得到公平对待，鼓励并支持女性独立地找寻真正的自由与自我。林宝音回忆道："一位来自巴基斯坦的女孩……获得了 2014 年的诺贝尔和平奖。她决心让她的国家和世界各地的女孩接受教育，因为女性仍然被剥夺了这一非常基本的权利。没有这些权利，她们就无法摆脱贫穷、压迫和绝望的恶性循环。"[①] 平等女性主义切实地表达了女性应享有受教育等合法权利，在其他领域也能实现自我价值。这种平等女性主义主张在林宝音三部女性成长作品中呈现出清晰的发展脉络：从《女仆》（*The Bondmaid*）对性别平等问题的初步探索，到《泪痣悲情》（*The Teardrop Story Woman*）中性别问题在情感层面实现突破，再到《银叶之歌》（*The Song of Silver Frond*）中女性在教育等社会权利上的切实体现，生动展现了这一主张从理论到情感，再到社会实践方面的全面深化。

二、平等女性主义在林宝音成长小说中的呈现

在四十多年的文学创作生涯中，林宝音将平等女性主义主张融入三部女性主义成长小说[②]——《女仆》《泪痣悲情》以及《银叶之歌》中。这三部作品均将场景设置在社会变革的 20 世纪 50 到 70 年代的新加坡社会，通过对涵（Han）、玫瑰（Mei Kwei）以及银叶（Silver Frond）三个处于社会底层的女主人公成长经历的描写，展现出这些女性独具魅力的人格特色及其在追寻自我过程中的坚韧与勇气。三位女主人公成长经历的不同遭遇与结局，反映了林宝音平等女性主义主张的深化与实践。在林宝音笔下，生活在父权制统治下的女性沦为男性的附庸，而男性也受到统治力量的压迫。小说中的新加坡是典型的国家父权制社会，正如范若兰先生所说新加坡"奉行国家至上、家庭为根、好政府和强政府的理念"[③]。这种父权制不仅体现在家庭内部男性家长对女性的支配，而且还通过国家的意识形态和政策得以强化。新加坡的等级制度无处不在，从体现阶级层面的"富人—中产阶级—穷人""精英—草根"，到种族层面的"华人—印度人—马来人"，再到语言的"英语—华语—方言"之分，以及性别层面的"男人—女

---

① Catherine L. An Equal Joy: Reflections on God, Death and Belonging. Singapore: Marshall Cavendish International Asia Pte Ltd, 2017: p.105.

② 成长小说：译自德语的"Bildungsroman"和"Erziehungsroman"。早期成长小说的代表作为歌德的《威廉·迈斯特的学习年代》。艾布拉姆斯认为："这类小说的主题是主人公思想和性格的发展，叙述主人公从童年开始所经历的各种遭遇——通常都要经历一场精神危机，然后长大成熟，认识到自己在世间的位置和作用。"（M. H. 艾布拉姆斯、杰弗里·高尔特·哈珀姆：《文学术语词典》，吴松江等，编译，北京：北京大学出版社，2014 年，第 511 页。）

③ 范若兰：《新加坡妇女权利与国家父权制关系试析》，《东南亚研究》，2016 年第 1 期，第 4—10 页。

人"①。这种体系不仅限制了女性的自由和发展，也对男性施加了特定的性别角色期待，使他们在父权制框架下承受压力。林宝音通过其三部女性主义成长小说巧妙地对父权权力进行解构与重构，三部成长小说中的众多男性角色便是这种典型的父权力量代表。如《女仆》中出身豪门的吴家少爷、《泪痣悲情》中自私且专横的老勇（Old Yoong）以及《银叶之歌》中尽管给予银叶一定的自由，但最终仍将她置于一个充满矛盾和痛苦的家庭环境中的阿诚（Ah Cheng Peh）。男性角色的权力在与女性角色的情感关系中经历了显著的变化，女性的自主意识和独立人格在这一过程中逐渐觉醒并得以彰显。

（一）性别平等的觉醒与探索

《女仆》是林宝音女性主义代表作之一。小说中女主人公涵与吴家少爷是小时候的玩伴，童年的美好回忆让涵对吴家少爷心生仰慕。长大后两人的社会阶层差异逐渐凸显，深刻地影响了两人的关系。吴家少爷虽然对涵产生了深厚的感情，多次与涵在湖边约会，但阶级差距使其不愿公开两人的恋情，而涵对感情的执着使吴家少爷变得越来越被动。小说中林宝音将涵孩童时期的无所依靠、逆来顺受与生理成熟后的反抗精神形成鲜明对比。林宝音创造性地将被世俗视为污秽的女性生理现象——经血——塑造成强大的、能够打败父权权威的武器。这一反传统的书写是对父权制的戏谑和讽刺。由于涵敢于追求真爱、敢于与不公的命运和社会制度抗争，在其死后被人们尊称为"女神"（goddess）。尽管涵在成长过程中奋起反抗压迫、勇敢追求平等的爱情，但是在父权统治下，这种单薄的抵抗最终还是造成了不可挽回的悲剧。故事中虽然没有实现平等女性主义所主张的真正的性别平等，但涵对这种不平等关系的抗争恰恰与这一理念相呼应。

从涵的成长经历来看，她从小没有接受过任何教育，在华人社区长大。她的成长经历了从懵懂无知的少年期到初步具有独立意识的成熟期，再到最后蜕变为人人敬仰的女神期三个阶段。涵自幼被贩卖为奴，但她心存希望，勇敢、坚韧地在艰难复杂的环境中生存下来。吴家森严的家长制传统给她的内心和精神带来了巨大压力和创伤，但涵依然保持着活泼善良的本性，为压抑的生活环境增添了难得的欢声笑语。她总是尽力帮助那些同样被禁锢在这个大家族中的女孩们，成为她们在困境中的一丝慰藉。在以父权统治为基础的社会中，人们重男轻女，即使是深受这种社会制度迫害的女性也被"异化"（alienate）了②。涵在成长过程中经历了来自家庭、社会以及精神层面的多重"异化"。自幼，涵因女性身份而被家庭以一种"商品"交易的方式被贩卖到吴家。

---

① 范若兰：《新加坡妇女权利与国家父权制关系试析》，《东南亚研究》，2016 年第 1 期，第 4—10 页。
② 赵志刚：《林宝音小说〈女仆〉中的"神话母题"研究》，《华文文学》，2017 年第 4 期，第 57—62 页。

在吴家，她被贴上"女仆"的标签，个人自由和受教育等权利被无情剥夺。她不仅要承担繁重的体力劳动，还要面对来自父权制社会的精神压迫，这种长期的压抑使她逐渐丧失了自我认同感。然而，涵的命运在与吴家少爷的交往中出现了短暂的转机，对少爷的爱慕之情让她看到了一丝希望，但少爷的离去以及亲生孩子被调换，使涵的命运再次陷入深渊。双重的失去让她陷入了极度的无助与绝望之中，却也激发了她内心深处的反抗意识，最终使她成为了一位"女神"。涵与女神是互为镜像的存在[①]，小说中的"眼耳女神"与传统华人信仰中的神仙形象截然不同，她不仅无法庇护天下苍生，而且向弱小无助的涵求助。这种"眼耳女神"意象是基于新加坡华人社群中女性的现实遭遇而创设的，蕴含着作者对现实的不满和对未来的期待[②]。林宝音通过反讽的手法，表达了对那些漠视人间疾苦的"女神"的痛恨。涵由于自身的善良品质以及敢于抵抗统治势力保护众人，被人们尊称为"女神"。涵的身份和地位的变化，反映出林宝音平等女性主义中主张女性应自我保护。涵的挣扎不仅是对眼前种种不幸遭遇的抗争，还是对时代强加于女性身上的枷锁的挑战。她的反抗是对父权制压迫的有力回击，同时也体现了林宝音对平等女性主义倡导的性别平等观念的初步探索。

（二）情感与性别困境的超越

《泪痣悲情》以一个小女孩哭着来到这个世界开始，讲述了 20 世纪 50 年代的新加坡社会中女主人玫瑰由于性别与眼角的泪痣受到双重诅咒的故事。出生于马来亚的玫瑰由于惊人的美貌，身边总是围绕着众多倾慕者。然而她的生活并非一帆风顺，玫瑰在成长过程中经历了父亲、老勇、奥斯汀（Austin）等多位男性的压迫，玫瑰不仅要面对个人的情感和生活选择，还要应对来自父权社会的各种挑战。"父权社会通行的以被动和顺从为核心的女性气质标准依然在影响着社会对女性的认知和女性对自我的认知"[③]，这种观念在玫瑰的成长历程中有着生动的体现。玫瑰最初接触的男性是槟城赫赫有名的富豪老勇，初次见面时他便毫不吝啬地将一只价值连城的手镯赠予玫瑰。然而这只手镯并非单纯的礼物，手镯的尺寸对玫瑰来说并不合适，但老勇出于胜负欲却执意将其戴在玫瑰的手上：

他要了一些润滑油，马上就有人拿来了，他把润滑油擦在她那伤痕累累、颤抖的肉上。他又试着把玉强行塞进去，但毫无用处。他停下来喘了口气，环顾四周找了个

---

① 赵志刚：《林宝音小说中的文化利用与文化认同研究》，秦皇岛：燕山大学出版社，2021 年，第 89 页。
② 赵志刚：《林宝音小说中的文化利用与文化认同研究》，秦皇岛：燕山大学出版社，2021 年，第 87 页。
③ 郑利萍：《中国当代小说成长主题研究》，南京：南京大学出版社，2020 年，第 181 页。

地方坐下，有人给了他一把椅子，又给了他茶点。他严肃地啜饮着茶，为下一阶段的进攻积蓄着精力[①]。

在林宝音的笔下，玫瑰是一个深受传统孝顺观念、社会、宗教束缚的女性。她的成长历程与三位男性角色——老勇、奥斯汀和马丁神父的交往相伴展开，这三位男性分别给玫瑰带来了不同的影响。在与他们的互动过程中，玫瑰勇于追求自己的幸福，冲破了父权制统治下性别的藩篱。她经历了从自我放弃到找到一个能够接纳"自我"的转变过程，最终实现了对社会传统性别角色的突破以及对性别的社会构建。玫瑰在个人成长的道路上迈出了更为坚定的步伐，在情感独立的追求中展现出更为果敢的勇气。她不像涵那样采用直接的抗争方式，而是表现出了更为明确的反抗意识。老勇借助贵重的手镯，对玫瑰施加了物质与情感的双重束缚。"手镯"这一意象代表着整个社会强加给女性的精神和肉体的压力，这种疼痛的禁锢反而使玫瑰逐渐认识到这段关系对自己造成的巨大伤害。玫瑰与老勇关系的结束，以及象征着束缚与压迫的手镯的破碎，标志着她从这段不平等的婚姻关系中彻底解脱。而她与马丁神父之间平等自由的恋爱，则是对之前这段不平等关系的有力反叛，更是她对平等女性主义所倡导的追寻个人权利的最好诠释。在践行平等女性主义理念的道路上，玫瑰比涵更具自觉性，也更具突破性。涵的故事以悲剧告终，而玫瑰不仅抗击了父权力量，还获得了精神和爱情的自由。玫瑰是一个复杂而立体的女性形象，她敏感、坚韧与抗争的性格特点体现了女性在传统与现代、东方与西方文化冲突中的挣扎与成长。她的故事不仅是一个女性的成长史，更是一个女性在新加坡社会的传统与现代之间寻求自我认同的历程。这体现了对传统性别观念和情感困境的突破，是对平等女性主义理念的超越性尝试。

（三）平等女性主义的社会化

《银叶之歌》中女主人公银叶出生在一个低收入家庭，家庭的经济重担主要由母亲承担，而父亲则沉迷于赌博和饮酒。银叶因家庭贫困未能接受正规教育，但她凭借模仿和自我学习，展现出对知识极大的热情。她通过讲故事、唱歌和表演来娱乐自己，正是这些充满活力与才华的表现，无意中吸引了丈夫阿诚的注意，从而开启了他们之间不寻常的情感旅程。银叶和丈夫之间的两性关系是和谐健康的，正如波伏娃在《第二性》中对理想的男女关系所做的描述："所谓妇女解放，就是让她不再局限于她

---

① Catherine L. The Teardrop Story Woman. New York: The Overlook Press, 1998: p.133.

同男人的关系。而不是不让她有这种关系。"① 银叶的伴侣不同于传统的男性形象,两人之间有着平等和谐的爱情关系。他支持银叶接受教育,使银叶从一个被贫困和传统束缚的女性成长为一个有知识、有独立思想的个体。这种转变并非简单的"男性拯救女性",而是社会结构和文化观念变化的结果。银叶和丈夫的良好关系是对父权统治下男女性别对立的最好回击。相较于涵和玫瑰,银叶在对抗父权势力的过程中表现得更为主动。

银叶被塑造为一位追求教育和人格独立的新时代女性,她的故事是林宝音平等女性主义理念最为深刻和全面的表达。与涵和玫瑰一样,银叶也经受着家庭和社会的制约,但她比涵和玫瑰更早地意识到知识和教育的重要性,并通过自我提升来改变自身命运。她不仅在情感上追求独立,还在家庭和社会中突破了传统性别角色的限制,她的爱情属于新时代相互尊重、相互支持的健康关系。尽管在丈夫的家族中遭遇重重挑战,银叶依然保持着自己的独立并维护自身的尊严。通过积极接受教育,她实现了自身社会地位的提升。银叶的故事不仅是个人的成长历程,还为其他女性提供了的榜样。文章结尾部分提道"银叶的孙女在完成社会学学位后,很想写一篇关于童贞问题的研究生论文,并追溯性、男性对女性身体的所有权、第一权利、社会禁忌、赋权等相关概念的发展"②,通过学术研究将银叶的故事和精神传递给更广泛的社会。这种继承不仅仅是对银叶个人的纪念,更是对所有女性在传统与现代之间抗争的肯定。王晓路指出:"由于文学作品中的男女性别并非自然性别特征,而是社会文化系统的观念作用,那么,男女角色所反映的就不是纯自然的东西,而是和历史、社会、经济、文化等密切相关的东西一起的。即性属/社会性别是作为特定的、重要的文化观念与阶级、种族、民族、心理以及宗教等范畴联系在一起的。"③ 在新加坡父权、夫权统治下,女性往往不被赋予独立的人格。银叶的觉醒并非一蹴而就,而是在一次次的挫折与挑战中逐渐明晰的。她通过接受教育,获得了知识与自我表达的能力,这让她得以突破传统女性角色的束缚,追求作为一个独立个体的价值与自由。林宝音笔下的银叶是对平等女性主义理想的社会性实践。

三、林宝音平等女性主义书写的启示意义

林宝音的平等女性主义主张具有重要的跨文化研究价值,她的作品在新加坡多

---

① 波伏娃:《第二性》,陶铁柱,译,北京:中国书籍出版社,1998 年,第 827 页。
② Catherine L. The Song of Silver Frond. London: the Orion Publishing Group Ltd, 2003: p.325.
③ 王晓路:《行属/社会性别》,赵一凡编:《西方文论关键词》,北京:外语教学与研究出版社,2006 年,第 724 页。

元文化语境中展现了女性主义的本土化实践，生动书写了新加坡社会的移民性和后殖民性。她的作品也深刻批判了新加坡社会中根深蒂固的父权制传统，揭示了这种传统对女性的压迫和束缚。朱崇科教授指出："在某种程度上说：'新加坡华文文学不只是或多或少戴上了移民文学的象征性色彩，而是从本质上内含了疏离、怀旧与流动等实质特征。'概言之，新华文学带有相当的移民性特征。"[①] 林宝音的三部女性主义成长小说背景设定在 20 世纪中叶的新加坡，这一时期的新加坡正处于社会大变革之中，因此这一时期的文学作品有着浓厚的移民背景。林宝音在描绘女性精神突破重围、追求自我成长的图景时，字体行间也隐含着女性在主体精神失去依傍后所面临的茫然无措之感。女性在成长历程中不仅面对父权、夫权的压迫，还处于东西方文化的双重夹击中。林宝音笔下的女性角色，如涵、玫瑰和银叶，在成长历程中既依恋东方传统，又因渴望融入新加坡现代社会而受到传统文化的束缚。其中，涵的故事更多地体现了传统女性的困境，而银叶的故事则展现了现代女性在教育和社会地位提升中的自我实现。这种转变不仅是三位主角形象的成长，也反映了新加坡社会从传统向现代的转型，体现了新加坡不同时代的女性从传统女性向现代西方女性的转变过程。新加坡是一个多元种族的国家，奉行多元文化政策。所谓"本土的本土"，并不刻意强调本土优先法则，但也不自暴自弃，反而应当是不卑不亢[②]。林宝音笔下传统的东方习俗被创造性地转化为独特的民俗意象，不仅丰富了文学作品的文化内涵，也展现了新加坡多元文化融合的独特魅力。

新加坡的社会现状与政府倡导的现代性大相径庭，父权统治根深蒂固，女性在社会各个领域被剥夺权利。林宝音的平等女性主义主张可以帮助协调两性关系，缓解性别与阶级矛盾，促进社会稳定与繁荣。她的作品通过人物刻画和权力解构，激发了对性别问题的思考与反思，为读者呈现了新加坡广大女性的真实遭遇，也为女性自我意识的激发与觉醒提供了动力，鼓励更多女性实现独立与自我价值，享受更多应有的权益。从《女仆》中涵的生存抗争与自我探索，到《泪痣悲情》中玫瑰的性别觉醒与情感独立，再到《银叶之歌》中银叶的自我价值的实现，林宝音以细腻的笔触勾勒出女性在父权制压迫下的挣扎与成长，并在寻求自我与独立的道路上愈加主动。林宝音不仅仅对女性命运进行书写，更对新加坡社会中广泛存在的东西方"二元对立"思维进行解构，对平等女性主义理念深刻倡导。她通过巧妙的叙事手法完成了对父权权力的解构与重构，展现了实现性别平等的勇气和决心。通过女性成

---

① 朱崇科：《看与被看：中国女人和新加坡的对视——以〈乌鸦〉和〈玫瑰园〉为例论"新移民文学"中的新加坡镜像》，见《新加坡文艺》总第 83 期，2003 年，第 72—81 页。

② 朱崇科：《考古文学"南洋"——新马华文文学与本土性》，上海：上海三联书店，2008 年，第 1 版，第 151 页。

长故事，她揭示了女性在追求独立与自由过程中所遭受的重重苦难，同时也展现了女性在困境中的坚韧与力量。

林宝音的女性主义书写超越了单纯对女性困境的呈现，通过细腻的叙事和深刻的文化洞察，为理解性别、文化与社会的复杂关系提供了范式。她的创作借助女性成长叙事，从移民性、后殖民性等维度出发，为新加坡文学的本土性建构贡献了独特的女性思路。三位女主人公的故事为实现平等女性主义主张的社会提供了新颖的方式。这种对性别问题的哲学性思考以及对女性主体精神的挖掘与呈现，展示了林宝音身为女性对后殖民社会中性别以及等级制度的反思。在她的笔下，女性不再局限于与男性的关系，而是被赋予了女性精神和人格的自主性与完整性。林宝音通过性别与权力的视角，为女性主义运动注入了新的活力，进一步丰富了平等女性主义的内涵，为女性主义运动以及全球性别平等运动提供了新的思考。她的创作不仅为新加坡文学注入了独特的女性视角，还提升了女性在文学与文化领域的影响力，为全球女性主义文学的发展提供了宝贵的经验与启示。同时，林宝音的本土化书写既体现了新加坡华文文学的文化根基，又彰显了其在多元文化语境中的创新与发展。她的平等女性主义书写具有重要意义，为理解性别、文化与社会的复杂关系提供了新的思路。

A Study of Catherine Lim's Feminist Writing on Equity Feminism and the Construction of Singapore's Nativeness

Abstract: Singaporean Chinese writer Catherine Lim actively advocates for Equity Feminism, emphasizing the need to achieve true gender equality and freedom across multiple domains, including society, family, culture, and education. In her three most representative feminist growth novels—*The Bondmaid*, *The Song of Silver Frond* and *The Teardrop Story Woman*, she deconstructs and reconstructs the gender power relations in Singaporean society through the carefully crafted images of the three female protagonists. She also skillfully employs folkloric imagery to vividly depict the struggles, growth, and awakening of women in a complex social environment. Her works are not only a profound portrayal of the fate of women in Singaporean society but also a reflection on the widespread cultural conflicts between the East and the West. The Equity Feminism she advocates transcends simple gender opposition and emphasizes the realization of freedom and the self: pproviding new insights for building a more harmonious social relationship. The literary creation not only injects a unique female perspective into Singaporean literature but also offers important inspiration and reference for the development of global feminist literature, holding significant value for cross-cultural studies.

Key words: Catherine Lim; Growth Novel; Equity Feminism